話し下手のための雑談力

沢渡あまね
Sawatari Amane

GENTOSHA
幻冬舎

はじめに

話し下手でも大丈夫！　雑談は仕掛け8割、スキル2割

いま、雑談が見直されてきています。

書店の棚を見回してみると、「雑談」をタイトルに冠した本がずらり。

雑談は人と人との関係性をよくし、相手との距離を縮め、人間関係を円滑にします。デジタルデバイスが進化し、個で過ごす時間が増え、ともすれば人間関係が希薄になりがちな時代。そんな今だからこそ、リアルな対話、雑談を通じた対話が重要視されてきたと言えるでしょう。

ところで、雑談というと、友達同士、家族同士などプライベートな場面でのおしゃべりを想定しがち。もちろんオフの場のくだけた会話は人生を豊かにする上で大切にしたいもの。しかし、職場における雑談もそれ以上に大事です。

私は業務プロセス&オフィスコミュニケーション改善士として、およそ70以上の日本の職場を見てきました。雑談がある職場とない職場では、雰囲気はもちろん、メンバー同士の協力体制、ひいては生産性にも大きな差があります。

雑談は、職場の課題のソリューションです。

あるIT企業の情報システム部門のエピソードを一つ。

普段雑談をしているシステム運用チーム。トラブル発生時の結束がとにかく強く、仕事が早い！

メンバー同士、何が得意で、どんなことをしているかを知っているものだから、リーダーに細かく指示されなくても「私、これやります！」と自分の持ち場を自ずと意識して迅速に作業する。テキパキと対応を終えて、火消し完了！　お疲れ様でした！

なにもないときはのんびり和気藹々《わきあいあい》としているのに、トラブル時は妙に強い。日ごろの雑談あっての賜物です。

雑談を積極的に取り入れる企業も増えてきました。

大手航空会社のANAは、職場での雑談を推奨しているといいます。人間関係を円滑にするのみならず、安全やサービス向上のためのちょっとした気づきを伝え合い、提言をしやすくする。風通しのよい組織風土を醸成しています。

空の安全を守る航空会社の現場。ちょっとしたヒューマンエラーが、大きな事故につながります。雑談を通じて、スタッフ同士、何でも言い合える関係を築いていれば、ミスも打ち明けやすいし「助けて」も言いやすい。また、体調不良など相手の異変にも気づきやすくなります。

このように、雑談はチームの連携と生産性を高めます。

とりわけ管理職やチームリーダーの立場にある人は自ら雑談力を高め、雑談が生まれる環境をつくる必要があります。雑談が生まれる職場づくり。いまや、リーダーの大事な仕事のうちの一つといっても過言ではないでしょう。

一方、現場のリーダーからはこんな本音も聞こえてきます。

「残業減らせ。でも成果は出せ。その上、雑談力も高めろと⁉　冗談も休み休み言ってくれ……」

「部下の仕事を邪魔するようで、気が引ける……」

「雑談しろ……って言われても、トークが苦手で続かない……」

「職場でわざわざ雑談？　正直、めんどくさい」

「そもそも出張や会議が多くて、オフィスにいないしな……」

「芸人のような面白い話をしろってこと？　ネタがないし、自分オモロクないし、重たい……」

「自分から話しかけるキャラじゃないし……」


そもそも雑談が苦手。また、「働き方改革」ムードが広がるなか、雑談に時間を割くことに抵抗感を覚える人もいるようです。

大丈夫です。

・トークの達人になる必要はありません
・お笑い芸人を見習う必要もありません
・無理やりキャラをつくって、あなたから話しかけなくても大丈夫

・話しベタのあなたのキャラ、そのままで結構

また、

・雑談のための時間をわざわざ設けて、仕事の手を止めさせる必要もありません
・あなたがその場にいなくたって、雑談をする方法はあります

雑談は仕掛け8割、スキル2割。

すなわち、あなたやチームメンバーのトークスキルやキャラクターを変える必要はありません。わざわざ雑談の場を設ける必要もナシ。いつもの打ち合わせのやり方を少し変えてみる、言い回しを工夫してみる。ちょこっと景色を変えてみる。こういった工夫で雑談は自然と生まれます。

本書では主に管理職やチームリーダーの方に向けて、スキルが低くても雑談が生まれるような、職場の仕掛けづくり、仕組みづくりのポイントをお伝えします。実際に日本の職

場で行われている、実例をもとに解説します。あなたの職場のメンバーの性格、組織風土に応じて使えそうなものをピックアップして試してください。もちろん現場の社員（含む派遣社員さん、外注さん）の方にも役立てて頂けると思います。

職場の雑談には、次のような効用があります（詳しくは、本文で説明します）。

雑談の効用

・職場の雰囲気がよくなる
・問題解決が早くなる
・チームの学習スピードが上がる
・生産性が上がる
・ハラスメントを事前に防止する

もし、あなたの職場がこの裏返しの状態でモヤモヤしていたら。すなわち、「職場の雰囲気が悪くモチベーションが低い」「問題解決に時間がかかる」「学習しない」「生産性が低い」「ハラスメントのリスクがある」状態であるならば。是非、この機会にチームの雑談力の向上に取り組んでみてください。

「働き方改革」が騒がれる今だからこそ、限られた時間で有意義に仕事をしたい今だからこそ、雑談を活用しましょう。あなたの職場の停滞ムードに風穴を開けるチャンスです。人のスキルや性格に依存しない、さりげない雑談が生まれる職場づくり。「らしさ」あふれる職場づくり。一歩ずつ始めましょう！

有間ダム（埼玉県）のほとりにて　沢渡あまね

話し下手のための雑談力
CONTENTS

はじめに　話し下手でも大丈夫！　雑談は仕掛け8割　スキル2割……3

第1章　そもそも雑談とは何か……15

01　雑談には大きく4つある……17
1　仕事に関するよもやま話。ちょっとした脱線……18
2　時事ネタ、ニュース……20
3　自分自身のプライベートな話……22
4　他愛のない世間話……25

02　リーダー層から雑談を仕掛けたほうがいいのはナゼ？……28
1　心理的安全性が担保される……31
2　ホンネが言いやすくなる……33
3　生産性が上がる……36
4　問題解決のスピードが上がる……41
5　ハラスメントを予防できる……46

03 即効性とじわじわ、どちらも大事……50

COLUMN 1 雑談のある職場は強い！ Eyes, JAPAN……54

第2章 雑談が生まれやすい職場とは？

第2章 雑談が生まれやすい職場とは？……61

01 ポイントは3つ！……64

1 接点の種類を増やす……64

2 接触頻度を増やす……69

3 ネタの数を増やす……73

02 たまたまと必然、どちらも大切……83

Add column 01 雑談はなぜ生産性を上げるのか……85

Add column 02 尊重し合える環境は、つくれる！……88

COLUMN 2 雑談のある職場は強い！ スパイスファクトリー……97

第3章 雑談を仕掛ける工夫、あれこれ……105

01 話しかけられやすい空気感をかもし出す……107
02 話しすぎない。聞き手に回る……118
03 「ちなみに」「個人的には」が適度な会話を促進する……121
04 相談モードで話しかけてみる……122
05 その場にあるモノをネタにする……125
06 小ネタとなる道具を用意する……129
07 たまには差し入れの1つもしてみる……131
08 なによりリーダーは積極的に自己開示を！……133
COLUMN 3 雑談のある職場は強い！ オトバンク……135

第4章 雑談が生まれやすい環境づくり、あれこれ……145
01 オフィスの仕掛け編……149
02 職場の活動編……172
03 個人編……200
COLUMN 4 雑談のある職場は強い! 田辺三菱製薬……211
第5章 雑談の仕掛け事例、集めてみた……223
おわりに……235

装丁　井上新八
カバー・本文イラスト　森下えみこ
本文デザイン・ＤＴＰ　トモエキコウ（荒井雅美）

第1章 そもそも雑談とは何か

一言で雑談といっても、さまざまなバリエーションがあります。

「自分には面白いネタがないから……」

「ウケる話をする自信がない……」

落ち込む必要、一切ナシ。面白くなくて結構。ウケなくたって大丈夫。

この章では、そもそも雑談とは何か？　職場における雑談の種類とは？　そして、雑談がもたらす効果を解説します。

01 雑談には大きく4つある

何事も定義が大事。そもそも雑談とは何か？　デジタル大辞泉では、雑談を次のように定義しています。

> ざつ‐だん【雑談】　出典：デジタル大辞泉
> [名]（スル）さまざまな内容のことを気楽に話すこと。また、その話。とりとめのない話。

なるほど。「さまざまな内容」でよい。すなわち、抱腹絶倒するような笑い話でなくても、相手を感動させるような気の利いたストーリーでなくてもＯＫ。少しハードルが下がりましたね。さらには「気楽に」「とりとめのない話」。どうやら、気合を入れてネタを仕込む必要もなさそうです。

さりとて、いったいどんな話をしたものか……。そこで、職場における雑談をもう少し細かく定義してみましょう。

職場の雑談の種類は４つです。

職場における雑談の種類４つ

①仕事に関するよもやま話。ちょっとした脱線

②時事ネタ、ニュース

③自分自身のプライベートな話

④他愛のない世間話

1 仕事に関するよもやま話。ちょっとした脱線

文字通り、仕事に関する「何か」です。

・新しく出た自社製品の情報

仕事まわりの雑談はしやすい

・技術に関する情報
・関連部署に関する噂話、人事異動の情報
・客先や取引先に関する話

これらも立派な雑談ネタです。フツウに仕事をしているなかで仕入れやすく、さりげなく切り出しやすいテーマ。なおかつ、業務に直結しやすいため、仕事熱心な人にとってハードルが低いテーマと言えるでしょう。

あなたが切り出せば、部下やチームメンバーなど相手からも仕事に役立つ関連情報を引き出しやすくなります。

2 時事ネタ、ニュース

時事ネタ、ニュースネタも鉄板の雑談ネタです。

・業界の最新情報
・社会情勢

時事ネタや業界ニュースもあり

あの会社の
本社やっぱり
移転する
らしいわね
そうなん
ですか？
合併後
かなり
リストラも
あったらしい
ですね

・その他、新聞紙面や各種メディアを賑わしているニュース

仕入れるハードルが低く、なおかつお堅い雰囲気の職場でも話題にしやすいテーマ。周りがあまり世の中を気にしない、新聞を読まない忙しい（あるいは無関心な）人たちであれば、あなたが率先して共有することで教育効果もあります。

3 自分自身のプライベートな話

ちょっとくだけて自分自身の話。職場によっては話す場所やタイミングに気遣う必要があるかもしれませんが、職場の人間関係を円滑にする潤滑油になります。

・これまでの経歴
・将来の夢や展望
・休日の過ごし方
・最近読んだ本
・出身地

自己開示は積極的に!

最近
肩こりが
ひどくて
色々
試してるん
だけど
なかなか…
パソコンが
原因かな
ハー
私も
肩こり
ひどくて
鍼いい
ですよ〜
へぇ〜

・趣味
・家族の話
・好きな食べ物
・こだわり
・悩み事
・大切にしていること

積極的に自己開示する人は、信頼されやすいです。特に職位が上になればなるほど、部下はその人のプライベートな面を含めた人となりや考え方に強い関心を示す傾向があります。実際、社長や部門長のプライベートを紹介する社内ブログや社内ＳＮＳを立ち上げる企業が最近増えてきました。閲読数も高く、やはり人は偉い人のプライベートに興味があるのだと納得。

上に立つ人ほど、積極的な自己開示を。ただし、相手のプライベートを無理やり聞きだそうとするとハラスメントになることもあるので注意。

4 他愛のない世間話

どうでもよい世間話も、職場をリラックスさせコミュニケーションをスムーズにします。

・食べ物ネタ
・スポーツネタ
・芸能ネタ
・マンガ、アニメネタ
・その他、下世話なゴシップネタ

ただし、身近な他人の噂話などゴシップネタに走りすぎると、メンバーの警戒心を強めてしまうので要注意。自分がいないところで、何を言われるか気になって仕方なくなります……。

ちょっとした世間話が雰囲気を和らげる

以上、雑談のバリエーションを4つ見てきました。雑談に苦手意識を持っている人は、ひとまず、この4つの中からもっともネタ探しがしやすいテーマ、かつあなたの職場の雰囲気を鑑みて話しやすいテーマに印をつけてみてください。

02 リーダー層から雑談を仕掛けたほうがいいのはナゼ？

そこまでしてなぜ雑談を仕掛けなければならないのか？　働く職場で、雑談したほうがよい理由は？

ズバリ、効果があるからです。雑談は、職場の人間関係を円滑にするなど「ふわっ」とした間接的なメリットのみならず、業務効率をアップさせたり、無駄な残業を減らすなど実利ももたらします。

論より証拠。まずはこちらをご覧ください。日本の職場の管理職やリーダーが語る、雑談の中身とメリットです。

「私は雑談を積極的に仕掛けて、メンバーの出身地、家族構成、趣味、何を大事にしてるのか、将来どうしたいのかをつかみます。適材適所が仕事の鉄則なので、それをしっかりと把握するためです。どのような仕事に向いてるのか、今克服しなければならない課題は何か、このメンバーを褒めるためにはどのようにその力を生かせるといいのか。

それがあるだけで、メンバーのモチベーションもパフォーマンスも変わってきます」

（中堅ＩＴ企業　37歳　課長）

「自分から積極的にプライベートを話しておくことで、メンバーが秘密を打ち明けやすくなりますね。普段から雑談をすることによって、悩みや失敗があった場合に気軽に打ち明けやすくなる効果は大きいです」

（大手インターネット企業　42歳　取締役）

「プライベートな話を年の離れた部下はあまりしません。仕事の話から脱線するとき、仕事の延長線上のような雑談をします。上司が話すと指示や命令に聞こえてしまうみたいなので、『あくまで私はこう思っている』って感じで話します」

（大手産業機械メーカー　50歳　部長）

「僕はトイレとエレベーターで若手と雑談することが多いですね。他に人がいない状況になると自分から切り出します。

『最近何のプロジェクトやってるんだっけ？』

『例の○○の案件ですよ』

『あぁ、あれか。結構大変みたいだね』

『そうなんですよ、特に△△の論点をどう検証しようかと……』

『それなら結構前だけど似たような検証をCくんがやってたはずだから聞いてみたら?』

『ありがとうございます！　聞いてみます』

こんな感じで、短時間で課題解決に導けることがあります」


〈外資系コンサルティングファーム　42歳　プリンシパル〉

「『相手がどんなことをやってるか知っておく』『自分が何をやっているか知らせておく』。この2つは大事ですね。しばらくたってから『××さんそう言えばこの前こんな話してたよね?』って時間差で効いてくる。カギは自己開示。私はだから自己開示が好きです。自分をプロテクトしてる人は損だなっていつも思いますね」

〈大手製造業〈産業インフラ系〉　43歳　課長〉

いずれも現役の管理職やリーダーのリアルな声。職場の雑談には効果がある。これは間違いないようです。雑談の効果を5つにまとめました。

職場の雑談の効果5つ

①心理的安全性が担保される
②ホンネが言いやすくなる
③生産性が上がる
④問題解決のスピードが上がる
⑤ハラスメントを予防できる

1 心理的安全性が担保される

Google社（USA）でのお話。そのチームではなかなか生産性が上がらず、リーダー（日系アメリカ人の男性）は頭を悩ませていた。あるとき、彼はメンバー全員を集めてチームミーティングを開いた。そこで、自分の身上を告白する。当時、彼は転移性の癌に侵されていた。その事実を赤裸々に語る。

そこから空気が変わった、一人、また一人とチームメンバーが立ち上がり、自分の健康

リーダーから弱みをさらす

状態やプライベートを語りだした。その結果、チームメンバー同士の信頼と結束が高まり、チームとしてどのように生産性を高めるのか議論が始まったという。

このエピソードは、チームメンバーが本来のプライベートを含めた自分の姿をさらけ出すことができる環境づくりが、チームの結束強化にいかに大事かを示しています。何でも話していい、自分のプライベートをさらけ出していい、その心理的安全性が結果として助け合う風土と生産性を高めるのです。仕事の顔だけで自分を覆った「仮面集団」ではこうはいきません。

2 ホンネが言いやすくなる

心理的安全性が担保されると、人はホンネを言いやすくなります。

「この仕事、私の手には負えそうにないので助けが欲しいです」（アラートを上げる）

「実は、こんなことで悩んでいます……」（悩みを打ち明ける）

「この仕事のやり方、非効率だと思います」「この月次の資料、もうつくらなくてもいい

ホンネを聞くと、人はホンネを話しやすくなる

のではないでしょうか？」（ムダを指摘する）

管理職やリーダー経験者なら分かると思いますが、問題を抱えたまま期限ギリギリになって音を上げるメンバー。そのまま炎上させてしまう部下。ほんとうに困ります。一方、早めにアラートを上げてくれるメンバーは信頼できます。手の施しようがありますから。また、身の上話を含めたプライベートな事情や悩みを話してくれていれば、相談にのることも、仕事の割り振りに気を遣うこともできます。

ムリ、ムダをメンバーが現場目線ではっきり言ってくれる。進言してくれる。それがなければ、業務改善も生産性向上もあり得ません。

企業トップや管理職、あるいは人事部門だけが踊る「働き方改革」（あえて括弧書きで示します）がうまくいかないのはそこにあります。現場のホンネが不在。その状態で、教科書で聞きかじったような施策に走ろうとする。当然空振りします。はずします。

「いや、そういうことじゃなくて……」「ウチの現場にはまったく効かない」「対策打つところ、ソコですか!?」

現場に広がる、冷めた空気。広がる、経営と現場の溝。

ホンネを言いやすくする。それは、実のある働き方改革を進めるための肝です。

3 生産性が上がる

ところで、あなたの職場ではこんな光景が日常的に繰り広げられていませんか？

「Aさん、ちょっといいかな？」

突然ふってきた、データ分析の仕事。上司は、たまたま近くにいた部下のAさんに振る。戸惑い顔のAさん。ココロの中はこんな感じ……。

——なんで、この仕事、わざわざ私に振るの？　データ分析なら、Bさんの方が得意だし、好きだと思うんだけれど。

隣のBさんも決まりが悪そうな表情を浮かべている。

適材適所が分からない上司は困りもの

――その仕事、なぜ私に任せてくれないんだろう……。喜んで受けたいし、Aさんよりもチャッチャと終わらせられるのに……。もしかしたら、私嫌われている⁉

AさんもBさんも余計なモヤモヤを抱え、釈然としないまま仕事を進める。

この状況。上司に悪気はありません。たまたまAさんが近くにいたから振っただけ。何の悪気もないのに、部下の2人にモヤモヤを与えてしまっている。こうして職場の不信感が意に反して醸成されてしまう。

もちろん、仕事の属人化を防ぐために、業務量が偏らないようにするために、あるいは教育のためにあえて不得意な人にも仕事を振る。これはアリです。しかし、そうならばそう理由を示して仕事を振ったほうが、メンバーも納得感をもって仕事と向き合うことができるでしょう。モヤモヤ状態は、不信感しか生みません。

人は、好きな仕事や得意な仕事に取り組んでいるほうが生産性が3～5倍高いと言われています。

逆に、苦手な仕事を、苦手な人が、やらされ感でやっている状態。これではいつまでたっても生産性は上がりません。

・苦手だから、なかなかやる気が起きない▼着手スピードを下げる
・苦手だから、やらされ感で仕事する▼処理スピードを下げる
・苦手だから、ミスをする▼手戻り、やり直しが増える
・その結果、苦手な仕事と長時間向き合うことになる▼さらにモチベーションを下げる

人間は良くも悪くもモチベーションに左右される生き物です。気合と根性論で「仕事なんだから我慢せい！」と言ったところで、ココロは正直。そして、ココロの状態は生産性に直結します。

普段雑談を通じて、お互いを知っていれば上司は適材適所で仕事を振ることができます。また、メンバーもお互い自分の得意技を認識していれば、何も言わなくても自分の適切なポジションについてパフォーマンスを発揮し、足りないものはお互い助け合うようになります。

ビジネススピードが求められる時代だからこそ、この結束は大事。コミュニケーション

「苦手」による負のスパイラル

コストやマネジメントコストが下がります。

4 問題解決のスピードが上がる

雑談をしてお互いを分かり合っているチームは、トラブル時の対応もスピーディでスムーズです。

とあるIT企業のシステム運用チームのお話。普段、雑談をしてお互いをよく知っているAチームと、互いに無関心で必要以上の会話をしないBチームがありました。どちらのチームもメンバーの個性はバラバラ、得意技もそれぞれ。社員もいれば、派遣さんも外注さんもいる。そんな混成チーム。

ITシステムの現場では、思わぬトラブルが突然発生します。システムが止まった、利用者がシステムに接続できない、など。

突然発生するトラブル。Aチームは、ささっと集まり、ささっと自分の持ち場につき、自分が果たすべき役割を迅速にこなす。

トラブル時に強いAチームVS まとまれないBチーム

「僕は、サーバルームに入って原因を解析します。入室許可をお願いします」
「私は、利用者の影響を調査します」
「私は利用者にトラブル発生の旨を周知します」
「利用者影響が分かったら、俺に声かけて。すぐ関係部署に報告に走るから」

リーダーが細かく指示をしなくても、自分が何をすべきか、期待役割を認識して動く。声をかけ合って助け合う。そして、ささっと火を消す。これはお互いを分かり合っているからこそのチームプレイ。

一方Bチームはと言えば……。

皆あたふた。リーダーの指示がないと動けない。あるいは、トラブル発生に気づいているのか、いないのか？　淡々と自分の通常作業に没頭してどこ吹く風のメンバーもいる。知らんぷりして帰ろうとする人も……。そうこうしている間に、クレームも増え、火種も大きくなり、収束困難な事態に。

私はいつも、合体してロボットに変身する戦隊ものにたとえて説明しています。

レッド、ブルー、イエロー、グリーン、ピンク。5人の戦士たちは個性も得意技もバラバラ。普段はいがみ合って衝突することも。でも、お互いを知っているからこそ、いざというときに強い。敵が現れたら瞬時に合体。レッドは頭、ブルーは右腕、ピンクは左足……のように自分の持ち場が分かっていて、すぐに所定のポジションにつく。そして、30分の時間枠の中で見事に敵を倒して、解散。お疲れ様でした！

これに対して、お互いを知らない残念なチームはというと……。

そもそも敵が来たことに気づかない。あるいは、敵が大暴れして街が破壊され始めているのに、どうしたらいいか分からない。やっとこさレッド（リーダー役）の指示で合体を試みる。……だが、しかし。

「イエロー、なんでお前も右腕につこうとするんだよ。ここはオレの場所だ」
「ふざけるな、お前こそあっちいけよ」
「左足、って何すればいいんですか!?」

いざ、合体!

「ていうか、頭に誰もいないんですけど……!!」

そうこうしている間に、敵にバッサリやられる。そして今日もむなしい残業の日々。

さて、あなたのチームは残念な戦隊ものになっていませんか?

5 ハラスメントを予防できる

セクハラ、パワハラ、アルハラ、マタハラ……。

最近、ハラスメントのバリエーションが瞬く間に増えてきました。年々、ハラスメントに対する目が厳しくなる一方。日ごろの雑談は、職場の不用意なハラスメントを予防する効果もあります。

相手のプライベートを無理やり聞き出す。容姿のこと、家族のこと、趣味嗜好のことをあれこれ詮索してコメントする。これは、時にハラスメントと見なされます。ハラスメントの難しいところは、相手が不快に思うかどうかが基準であるところ。

日ごろの信頼関係で印象が変わってくる

「髪形変えた？」

この何気ない一言。Ａさんにとっては心地よくても、Ｂさんは不快に思うかもしれません。あるいは「誰が言ったか」によっても左右されます。Ｃ課長が言うとさわやかなコミュニケーションなのに、Ｄ課長が言うとセクハラになる。理不尽《りふじん》ですが、残念ながらそういうものだと割り切るしかありません。

ポイントは、そこに信頼関係があるか？　暗黙の合意があるか？

普段雑談をしていて、人間関係が築けていれば、相手が何を不快に思うかは分かり合えてくるもの。あるいは「これは不快です！」と上司と部下の間で平然と言い合えるようになるケースも。

上司が部下に（あるいは部下同士、部下から上司であっても）、相手のことをあれこれ詮索するのはハラスメント。しかし、こうだったらどうでしょう？

・服装を変えたことを、自分から楽しそうに話してくれる
・プライベートな悩みを自ら打ち明けて相談してきた
・結婚や妊娠した事実を話してくれた

それに対してコメントしても（しつこい詮索はＮＧですが）、ハラスメントにはならないでしょう。むしろ、自分に対して親身になってくれる上司や仲間と信頼関係が深まります。

同じ仕事をともにする仲間たち、できることなら自然と自分のことを話せる雰囲気をつくりたいですね。そのためにも、日ごろからの何気ない雑談は大事なのです。

03 即効性とじわじわ、どちらも大事

最後に、組織に必要な情報の種類について触れます。

情報には2つの種類があると言われています。「フロー」情報と、「ストック」情報です。

情報の2つの種類

「フロー」：その場限りで役に立つ情報。ニュース速報、売り上げ速報、緊急地震速報。その場の悩み事に対するアドバイスなど。

「ストック」：その場では役に立たないが、後になって役に立つ／思い出して活用できる情報。作業手順。売り上げの推移。歴史記述。統計情報。失敗の振り返りなど。

たとえば、プロジェクト活動で得たノウハウをドキュメントに整理して、イントラネッ

トのサイトに掲載する。業務マニュアルをつくってサーバに保存する。これは「ストック」情報の蓄積の意味が強いです。

社内SNSを立ち上げて、社員がその場の困り事をアップして、誰かほかの人が助けられるようにする。新製品の発売速報を流す。これは「フロー」情報にあたります。

「フロー」と「ストック」。どちらも大事。この2つを意識して、組織内の情報の発信の仕方、掲載の仕方、流通のさせ方、蓄積の仕方を設計して運営できればベスト。（いわゆるナレッジマネジメントとは、そういうことです）

ところが、日本の組織は一般的に「フロー」の情報流をつくるのが不得手と言われています。

知識の蓄積、ナレッジマネジメントというと、どうもノウハウや業務知識を文書化することばかりに目が向きがち。それも大事ですが、「わざわざ」ドキュメントを作成したり、文字に起こしたりする必要があるため手間も時間もかかります。本当に欲しい情報が共有されないことも。

また、ストック化された情報は陳腐化しやすい弱点があります。既に情報が時代遅れ、そのとき状況に応じた、最新のノウハウが提供されない可能性があります。

雑談は「フロー」「ストック」、両方の情報を活発にやりとりする効果があります。

フローの効果

・仕事の悩み、自分一人で抱えずにすぐ有識者に相談できる
・ちょっとした雑談で聞いた話から、問題解決のヒントを得た

ストックの効果

・そういえば、以前この手のテーマにBさんが取り組んでいたって言ってたっけ。聞いてみよう
・インドの商習慣を知る必要がある。そういえば、C部長ってインドに駐在していたって言っていたよな。相談してみるか
・この客先は確か要注意。以前、Dさんが大失敗やらかしたって言っていたな。同じ失敗をしないよう、Dさんに話を聞きにいこう

困ったときに誰に聞いたらよいか、「ピピピ」と来る。日ごろの雑談が威力を発揮する瞬間です。いますぐには役立たないかもしれない。しかし、あの日、あの時のちょっとした雑談の内容がいまのあなたを助けてくれるかもしれません。

組織における「知識のありか」を知る。困ったとき（それはいまかもしれないし、後々かもしれない）につながり合って、助け合える。雑談は組織のナレッジマネジメントの、泥臭いエンジンなのです。

COLUMN 1

雑談のある
職場は強い!

Eyes, JAPAN

福島県会津若松市。鶴ヶ城がそびえる古《いにしえ》の町の一角に、最先端のエンジニアが集うユニークな会社があります。

株式会社Eyes, JAPAN。ITシステムのデザイン・企画・開発・保守、IoTやセキュリティ、AIなど最新技術を使ったイノベーションを支援するベンチャー企業です。創業は1995年。23年目（本書執筆時点）を迎えた同社では、現在23名（取材当時）の社員とアルバイト、インターンがエンジニアとして活躍しています。

同社の社内コミュニケーションの取り組みはなかなかユニーク。地方企業ならでは、スタートアップ企業ならでは、エンジニア集団ならではの工夫に富んでいます。

「オフィスには雑談の場が必要です。立場（社員／アルバイト／インタ

Eyes, JAPANのエントランス。遊びゴコロ満載、これだけでも来訪者との雑談が生まれる

ーン）も専門領域も、国籍も違う人たちも揃っているのに、話さないのはもったいない」

こう語るのは、代表取締役社長の山寺純氏。朝礼や毎週木曜日の夜の定例ミーティングなど、エンジニア同士が取り組みを共有するオフィシャルな場以外にも、同社にはさまざまなコミュニケーションのきっかけがちりばめられています。

たとえば、**アイスクリームブレーク**。

業務時間中に、息抜きをかねて皆でアイスクリームを食べながら雑談する制度。飲みニケーションに代わる、カジュアルな会話の場として機能しています。

「飲みや食事だと、好き嫌いがあるじゃないですか。でもアイスクリームが嫌いな人ってそういないですよね」

アイスクリームブレークの様子。専門領域が違うエンジニア同士のちょっとした会話が生まれる

と山寺氏。確かに、アイスクリームはコミュニケーションの肴《さかな》として絶好の最大公約数なのかもしれません。業務時間中に行っているのもポイント。いまどんなことに取り組んでいるか？　何に困っているか？　そんな井戸端のような会話が生まれ、そこから課題解決につながることもあるそう。

一人で悩まない。悩ませない。そのためにも、こうしたカジュアルな雑談の場は欠かせません。

もちろん、業務外で有志同士で食事に行くことも。社長の山寺氏も参加。場所はファミリーレストランなど、くだけた場を使うことが多いそうです。

「ファミレスのような学生がだべる雰囲気のほうが、気軽に本音を言い合いやすいんです」

車輪のLEDや環境センサーがついたハイテク自動車であるFUKUSHIMA Wheelプロジェクト用の自転車

確かに畏《かしこ》まった料亭やホテルのラウンジではカジュアルな会話は生まれにくい。学生アルバイトやインターンなど、若いエンジニアが多いからこそ、若い人に心地のいいコミュニケーションの環境づくりは大事です。

エンジニアはオフィスの固定席に一日かじりついていて仕事が捗《はかど》るかというと、決してそうではありません。自分が捗る環境で仕事をする。これがもっとも生産性が高い。

Eyes, JAPANにはアウトドアコーディングピクニックなる制度があります。オフィスの外で仕事をしてOK。

「こんなに天気がいいのに、オフィスに籠《こも》っているなんてもったいない」

そう言ってコーヒー片手に鶴ヶ城で仕事をするエンジニアの姿も。本人の主体性を尊重し、気分ののるやり方を許容する。エンジニアの心が分かっているからこその、気の利いた制度と言えます。

また、同社は社外の施設も積極的に活用しています。オフィスから車で20分程度、星野リゾートが運営するアルツ磐梯のスキー場。その遊休施設の一室を間借りしています。「シーズンオフや平日の、稼働率の低いリゾート施設の有効活用にもなる」と山寺氏。

Eyes, JAPANのエンジニアは朝ここに集まってヨガをやったり、アイディア出しのミーティングをしたり、オフィスとは気分を変えてコミュニケーションと仕事を楽しんでいます。ここで泊まり込みの業務合宿や開発に集中することもあるとか。疲れたら、外に出てハンモックで空を見ながら一休み。夜は温泉に浸かってさっぱり。地方企業ならではの、地の利を生かした働き方と言えるでしょう。

「東京や大阪と同じやり方をしていても、優秀なエンジニアは集まらない。エンジニアが働きやすく、かつ地方のメリットを生かした働き方にチャレンジしています」

エンジニアを閉じ込めていてはいけない。自社に籠っていたら、イノベーションは絶対起きない。山寺氏は強調します。その言葉通り、Eyes，JAPANは社員同士のコミュニケーションのみならず、社外の勉強会や講演会に参加したり、ハッカソンやアイディアソンを仕掛けたり、イノベーターのミートアップを企画運営したりと、社外コミュニケーションも積極的に行っています。こうした発想やアイディアも、エンジニア同士の雑談から生まれることも少なくないとか。

地方都市で新たなチャレンジを続けるEyes，JAPAN。きっと、今日も知的好奇心と遊び心のある気鋭のエンジニアがドアをノックしていることでしょう。

アルツ磐梯の遊休施設を間借り。泊まり込みの業務合宿や開発作業も行うことができる

第2章

雑談が生まれやすい職場とは?

「雑談の効果は分かった。必ずしも、仕事の生産性を下げるものではないことも理解した。では具体的にどうしたらいいのか？　管理職がベラベラ話しかけるのも気が引けるし、周り（他部署など）の目も気になる……」

わざわざ雑談をもちかける必要はありません。お祭りムードをつくる必要もなければ、無理してあなたのキャラを変えなくて結構。

「雑談のネタがない！」

大丈夫です！

雑談は仕掛け8割、スキル2割といっても過言ではありません。個人（管理職自身、個々のメンバー）のスキルやメンタリティに依存しなくても、自然と雑談が交わされる。必要なときに結束できるようにする。それこそが、マネジメントです。

どんなにノリがよくて話し好きな人でも、周りが黙々と仕事をしていてシーンとしていたら、そのうち話をしなくなるでしょう。個人のスキルやメンタリティよりも、むしろ環境が大事です。話し下手でむしろ内向的な人が多い。にもかかわらず雑談の盛んな職場はあります。

管理職は雑談を含む、コミュニケーションが発生しやすい環境をつくる責任を負っていると心得てください。

では、どうしたらよいか？

ポイントは2つ。ずばり、「ちょっとした投げかけ」と「仕掛けづくり」。あなたが雑談が苦手なら、相手に雑談ネタを見つけてもらって話しかけてもらうようにすればよいのです。

第2章では雑談が生まれるようにする「仕掛けづくり」のポイントを、第3章では「ちょっとした投げかけ」について、そして第4章では具体例を紹介します。

01 ポイントは3つ！

雑談が生まれやすくするための要素を、シンプルな式にしてみました。

雑談発生確率 ＝ 接点の種類 × 接触頻度 × ネタの数

雑談のある職場を観察すると、あることに気づきます。メンバー同士の接点の種類が多く、お互いの接触頻度が高い。そして雑談のネタが豊富。これら3つの要素を高めるには？　ポイントは3つです。

1 接点の種類を増やす

顧客接点という言葉があります。カスタマータッチポイントと表現されることも。マーケティング用語で、企業やその企業の商品やサービスとお客さんとの接触機会をいいます。顧客接点は1つではありません。テレビCM、新聞広告、Web広告、SNS、お店、プロモーションイベント、モニターイベントなど、接点は多岐にわたります。

接点が多ければ多いほど、それだけ消費者がその会社、商品、サービスを知る機会が増えます。消費者の興味や関心を引く可能性も高くなる。よって、企業はあらゆるチャネル（情報伝達の経路）を駆使して情報発信をします。

雑談も同じです。

チームメンバー同士、関係部署同士、自社と取引先、接点の種類を増やせばそれだけコミュニケーションは生まれやすくなります。

会議、打ち合わせ、電話、メール、廊下、休憩室、社員食堂、トイレ……。

実は私たちの日常のビジネスシーンにも、人と人との接点は多数に存在します。しかし、ただそのままにしていては変化は生まれません。そこで雑談が自然発生しやすくする「何か」を投じる必要があります。その「何か」については、後述しますのでもう少し待っていてください。

従来の接点の活用も大事ですが、新たな接点づくりもそれ以上に大事。

社内SNS、オンラインチャット、Slack（近年人気のビジネス向けチャット。特にエンジニアに好評）……。

このような、新しいデジタルツールを導入してみる意味はそこにあります。

・普段は寡黙なチームメンバー。Slackではとたんに饒舌になり、雑談もするし皆の役に立つ情報も進んで発信している

・会議ではなかなか本音を言ってくれないけれど、チャットだと無駄話も本音も言ってくれる部下

最近、珍しくありません。

コミュニケーションというと、私たちはつい顔を合わせての対話ばかりを考えがち。そして、対話が苦手な人＝コミュニケーション能力が低いと判断してしまう。これは組織に

とってもとってももったいない！　人にはコミュニケーション手段の得手、不得手があります。コミュニケーション接点の種類を増やすことで、雑談のチャンスも増やすことができます。

また、ちょっとした景色の変化が雑談を生みやすくします。

・たまには外のカフェで打ち合わせしてみる
・浜辺の宿でアイディア出しの企画会議をやってみる
・定例会議。たまには外部のゲストを呼んでみる

これだけでいつもとは違うリラックスムードになり、雑談も自然と生まれます。

・お酒が入るとコミュニケーションが円滑になる
・喫煙所では、会話が弾む

私たちはそれを体験的に知っています。大事なのはお酒を飲む、あるいはタバコを吸う

接点（タッチポイント）の種類

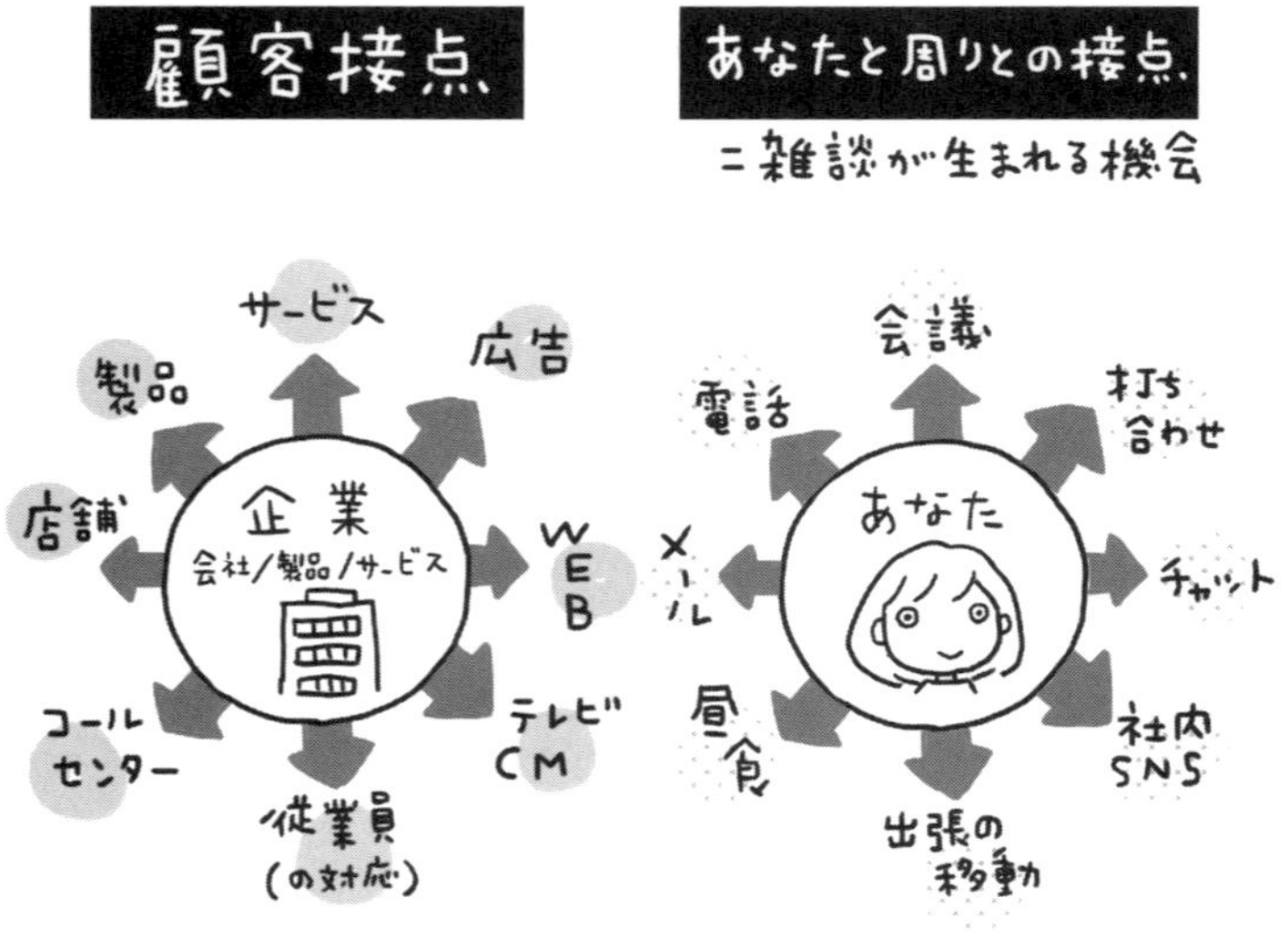
顧客接点
あなたと周りとの接点
＝雑談が生まれる機会
サービス
広告
製品
店舗
企業
会社/製品/サービス
WEB
コール
センター
テレビ
CM
従業員
（の対応）
会議
打ち
合わせ
電話
あなた
メール
チャット
昼食
社内
SNS
出張の
移動

接点は
日常の景色の
中にあるのね

行為そのものではなくて、普段と景色が変わるところにあります。いつも同じオフィスで、同じ固定席で、同じ顔ぶれで……これでは気分は変わらないですね。景色変えていきましょう。

接点が1つだけでは、なかなか雑談は生まれません。手を替え、品を替えが大事。接点のバリエーションを増やしていきましょう。

2 接触頻度を増やす

ただ接点を増やしただけでは、コミュニケーションは活性化しません。そこで人と人が触れ合う頻度、すなわち接触頻度も大事。接触頻度が高ければ、雑談が発生するチャンスも増えます。

三河屋さんに学ぶ！　雑談を引き出す行動

国民的人気アニメ、サザエさんを知らない人は少ないと思います。サザエさんに登場する、三河屋（酒屋）の店員さん。彼は何をしているか？　御用聞きですね。毎日、ご近所の家庭の勝手口の扉をたたき、注文があるかどうかを聞いて回る。毎日顔を合わせて会話していると、自然と打ち解けるもの。雑談も弾みます。その雑談を通じて、サザエさんはご近所さんの情報を得たり、カツオくんやワカメちゃんがどこでなにをやっているのかを把握しています。

接触頻度の高い相手には親しみの気持ちが生まれ、打ち解けやすくなる。これは人間の心理です。

みなさんがお客さんの立場だとして、年に1回しか顔を合わせない営業担当者と月1回来てくれる営業担当者と、どちらにものを頼みやすいでしょうか？　おそらく後者でしょう。たとえ話し下手でも、接触頻度を増やすことで相手が雑談をもちかけてきたり、質問してこちらの情報を引き出してくれることもあります。

話しかけるのが苦手。そういう人こそ、接触頻度を増やしてみましょう。

社内徘徊する／させる

入社したて、異動したて。なかなか新しい環境に馴染むのに苦労するもの。そんな若手がいたら、社内徘徊させてみてください。文字通り、社内をうろうろ歩き回る行為。一見怪しそうですが、これ雑談を引き寄せるのに効果的です。いわば「社内三河屋」になる。

私も新しい会社に転職したての頃、別部署に異動したての頃は意識的に社内徘徊をしていました。特に関係部署のある事業所に出張したときは、朝10時頃、お昼過ぎ、15時頃と時間を決め、一日ほぼ3回全フロアを歩き回ります。仕事の関係者のいるフロアを歩き回るだけ、プロジェクトルームに顔を出して「今日、出張してます。何か御用はありませんか？」と聞くだけ。

これがなかなか効果的。

「おっ、沢渡さんちょうどいいところに。実は相談があって……」

「外に缶コーヒー買いに行こうと思っていたんだけれど、一緒にどう？」

ただ歩いているだけで相談をもちかけてもらえたり、雑談がてらに仕事の話を聞けたり（相手が席をはずして気分転換するきっかけになり、ありがたがられることも）、仕事の悩みを聞かされたり。

人間関係がよくなるのはもちろん、仕事の話を早め早めに仕入れることができ、自分自身の仕事の効率化にもつながりました。

ただ歩いている。たまたま通りがかる。

これも雑談や会話を呼び込む秘訣です。

そうはいっても、入社や異動したばかりの若手社員。理由もないのにウロウロするのは勇気がいる？

・あなた（管理職）が顔合わせかたがた、各部署を一緒に徘徊して挨拶回りする
・他部署との打ち合わせになるべく同行してもらう
・他部署に行く用事を任せる

このように、社内徘徊をする大義名分をつくってあげてください。

3 ネタの数を増やす

相手が雑談を仕掛けてくれたらラッキー。とはいえ、あなたが受け身であってはやはり雑談も会話も弾みません。話しかけてもらうにしても、自分から話しかけるにしても、何らかのネタがあるに越したことはありません。

「え、ネタを仕入れるなんてめんどくさい」
「私、地味な性格だからネタなんてないし……」

心配ご無用。面白いネタを仕込む必要はありません。

2つの方法を紹介します。

タグづけする／させる

あなたはいったいどんな人か？　チームメンバーはどんな人か？

自分の得意分野、興味のある領域、趣味、こだわり。あなたらしさ（チームメンバーらしさ）を示すキーワードを考えてみましょう。

「フランス語が使いたくてたまらない」
「イラストが得意」
「日本茶インストラクター」
「ゴルフにハマっている」
「ダム好き」
「群馬ラブ」
「実はＰＨＰプログラミングのプロ」

何でも結構。まずは自分を振り返って、キーワードを探します。そのキーワードを、自己紹介のとき、ランチタイムの会話、身に着けているものなどに何気なくちりばめます。繰り返し発信します。ツイッターなどのＳＮＳの投稿に、ハッシュタグ（#を冒頭につけた、キーワードを示す文字情報）を添付するイメージです。

自分自身にタグづけする。それだけで、あなたがどんな人なのか？　どんなネタで話し

自分をタグづけしてみよう

かけたらよいか？　周りの人はあなたのキャラクターを意識して話しかけられるようになります。いまのあなたに、既にネタはたくさんあるのです。

どのシーンで、どうタグを発信していったらよいか？　その具体例は第4章でじっくりお話しします。

タグはたくさんあっていい

キーワードなんて聞くと、1つに絞ろうと一生懸命になりがち。なんだか、就職活動の自己PRを考えるみたいで面倒。

いいえ。タグを1つに絞る必要はありません。たくさんあって結構。

インターネット上のブログなどのサイトを見てください。たとえば、「スウェーデンの社会保障制度」に関する記事があったとしましょう。ページの下にさまざまなタグが並んでいます。

#北欧
#スウェーデン

#ライフスタイル
#社会保障制度
#育児
#介護
#国際

など。

この記事を、「北欧のことが知りたい」と思って検索して読む人もいれば、「社会保障制度」について知りたくて読む人もいます。また、世界情勢が知りたくて「国際」のタグでたどりつく人もいます。情報の価値を決めるのは相手です。

あなたの価値は相手が決めるもの。何がきっかけで相手と仲良くなるか、雑談が弾むかは分かりません。むしろ、タグはたくさんあったほうが雑談のきっかけも増えて好都合。このくらいポジティブにとらえましょう。

日常の仕事のシーンから雑談ネタを拾う

タグづけが大事なのは分かった。しかし、チームメンバーの多くはわざわざ発信する機会もなければ、勇気もない。

何も特別なことをしなくても、日常の仕事を通じて相手のタグ、ひいては雑談ネタを管理職であるあなたが拾うことができます。

例）Aさんに資料作成を依頼した。かわいらしいイラストが添えられていた

▼「Aさん、イラスト得意なの？　ほかにも描いたのがあれば見せてよ！」のような雑談に発展させる

例）部内の忘年会の幹事をBくんに頼んだ。迫真の演技で司会進行をしてくれた

▼「すごいね、Bくん演劇やってたの？」「実は学生時代に演劇部に所属していまして……」などの会話に

例）英文ドキュメントのコピーをCさんに頼んだ。ついでに、文法や表現が誤っている箇所に付箋をつけてコメントを添えてくれた

▼「あれ、Cさん英語できるの？」「はい。実は英文科卒業でして」「だったら、これからは英語の仕事お願いしようかな」「はい！」

いつもの仕事、急に振った突発の仕事。そのやりとりの中でも雑談のネタを拾って膨らませてみてください。

また、これを繰り返しているとメンバーにも変化が生まれ始めます。

「あの上司は、自分の特技や自分らしさを見つけてくれる！」
「私を見てくれている！」

これがチームに一体感や心理的な安心感を生みます。

また、
このような控えめなメンバーも、
「自分のやりたいことや特技を周りに知ってもらいたい。でも派手なPRは苦手……」
「仕事の中でさりげなくPRすれば、自分を分かってくれる」

と思うようになり、仕事にポジティブに取り組むようになるでしょう。

人間は、生まれながらにして存在承認欲求というものを持っています。文字通り、自分の存在を他者に認めてもらいたい欲求です。日々の仕事の中で、その人らしさを発見してあげる。雑談につなげて深掘りする。そんな何気ない行動が、相手の存在承認欲求を満たし、やがて組織への帰属意識を高めます。

「衣・食・住」は雑談を生む鉄板ネタ

身に着けているもの、好きな食べ物、地元ネタあるいは故郷ネタ……。「衣・食・住」は雑談のきっかけとなる鉄板ネタです。

・お気に入りの腕時計を意識的につける
・こだわりのネクタイをつけてみる
・気になっていたお店にランチに行く
・地元のお店の話をしてみる

人間の持つ承認欲求と雑談の関係

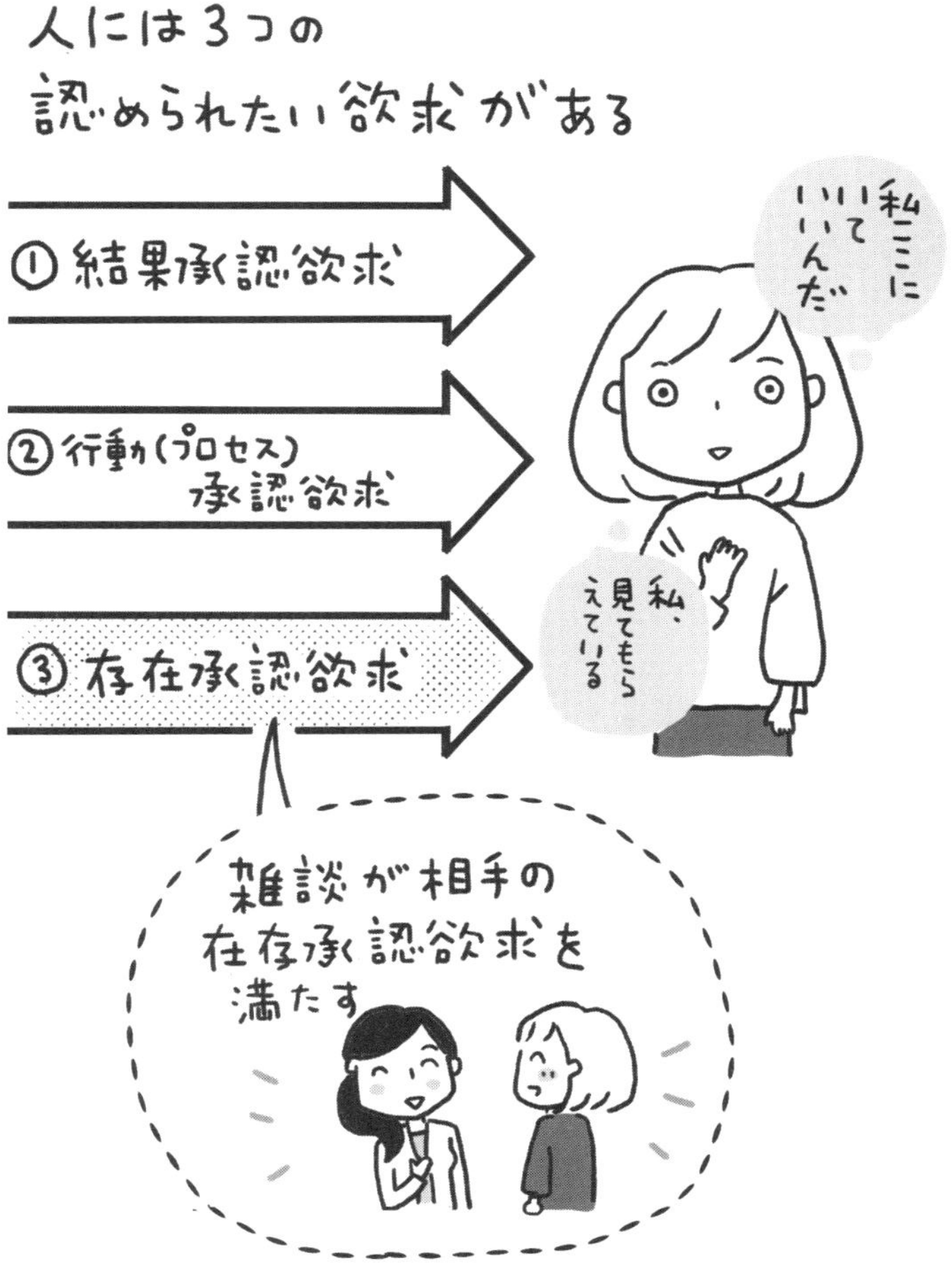
人には3つの
認められたい欲求がある
①結果承認欲求
②行動(プロセス)
承認欲求
③存在承認欲求
私ここにいていいんだ
私、見てもらえている
雑談が相手の
在存承認欲求を
満たす

これらは相手ものってきやすく突っ込みやすい、無難なネタと言えるでしょう。あなたの「衣・食・住」、さりげなく見せてみませんか？

あなたが自己開示すれば、チームメンバーも自己開示しやすくなります。組織風土とは、こうして醸成されていくのです。

02 たまたまと必然、どちらも大切

雑談が生まれやすい職場は、環境に工夫を凝らしています。逆の見方をすれば、環境さえ整っていれば個人のスキルやメンタリティに依存しなくても雑談が発生しやすいと言えます。

職場の環境づくりのポイントは2つ。「偶然の出会い」と「必然の出会い」の創出です。

「偶然の出会い」：人と人、知識と知識がたまたま出会う環境づくり。雑談が自然と発生する場づくり。
「必然の出会い」：強制的に、雑談をするきっかけづくり。

「偶然の出会い」を創出する取り組み

オフィスレイアウトの変更（フリーアドレス化など）、リフレッシュコーナーの設置、

社内SNSなど

「必然の出会い」を創出する取り組み

社内勉強会の実施、朝礼での持ち回りスピーチ、ランチ会、飲み会、社員旅行、社内運動会など

とりわけ「偶然の出会い」が生まれる仕掛けづくりは大事。内発的動機づけにより、自然とコミュニケーションが発生する風土づくりに寄与します。同じ雑談でも、強制されるものより、自発的に生まれたもののほうが本音で楽しめていいですよね。

次章では、「偶然の出会い」「必然の出会い」を創出する取り組みの事例を紹介します。

Add column 01

雑談はなぜ生産性を上げるのか

「雑談が大事なのは分かる。とはいえ、職場で雑談を推奨するのはどうも気が引ける……」

最近、管理職のみなさんとお話をしているとこういうため息まじりの声が聞こえます。働き方改革の気運が高まり、生産性向上が叫ばれる昨今。業務効率アップを部下に指示する立場にあって、無駄話をしようとはなかなか言えない様子です。

しかし、一歩立ち止まってみてください。ちょっとした雑談から仕事のヒントを得たり、悩んでいる課題の解決の糸口が見つかったり。そういった経験は誰しも持っていることでしょう。雑談は一概に生産性の妨げになるとは言えません。

にもかかわらず、雑談は無駄だと考えられがち。それはなぜか？　そこには、生産性に対する大きな誤解があります。

そもそも生産性が高いとはどういう状態を言うのでしょう？　一般的に、生産性は左ページの式で示されます。

単純に考えれば、最小のインプットで最大のアウトプットを出せる状態。これがもっとも生産性の高い状態ととらえることができます。

「ほら、やっぱり雑談なんて無駄なインプットだ。雑談ナシに淡々と仕事をこなしたほうがいいに決まっている」

……と、実はここに大きな罠があります。

インプットとアウトプットは必ずしも同時発生しない

・飲み会の席でたまたま同僚から聞いた情報。半年後に自分の仕事に役立った

・「海外取引をすることになった。どうしたものか。あ、そういえば隣のチームの○○さん、確か前職が商社だって言っていたな。相談してみるか」

生産性の式

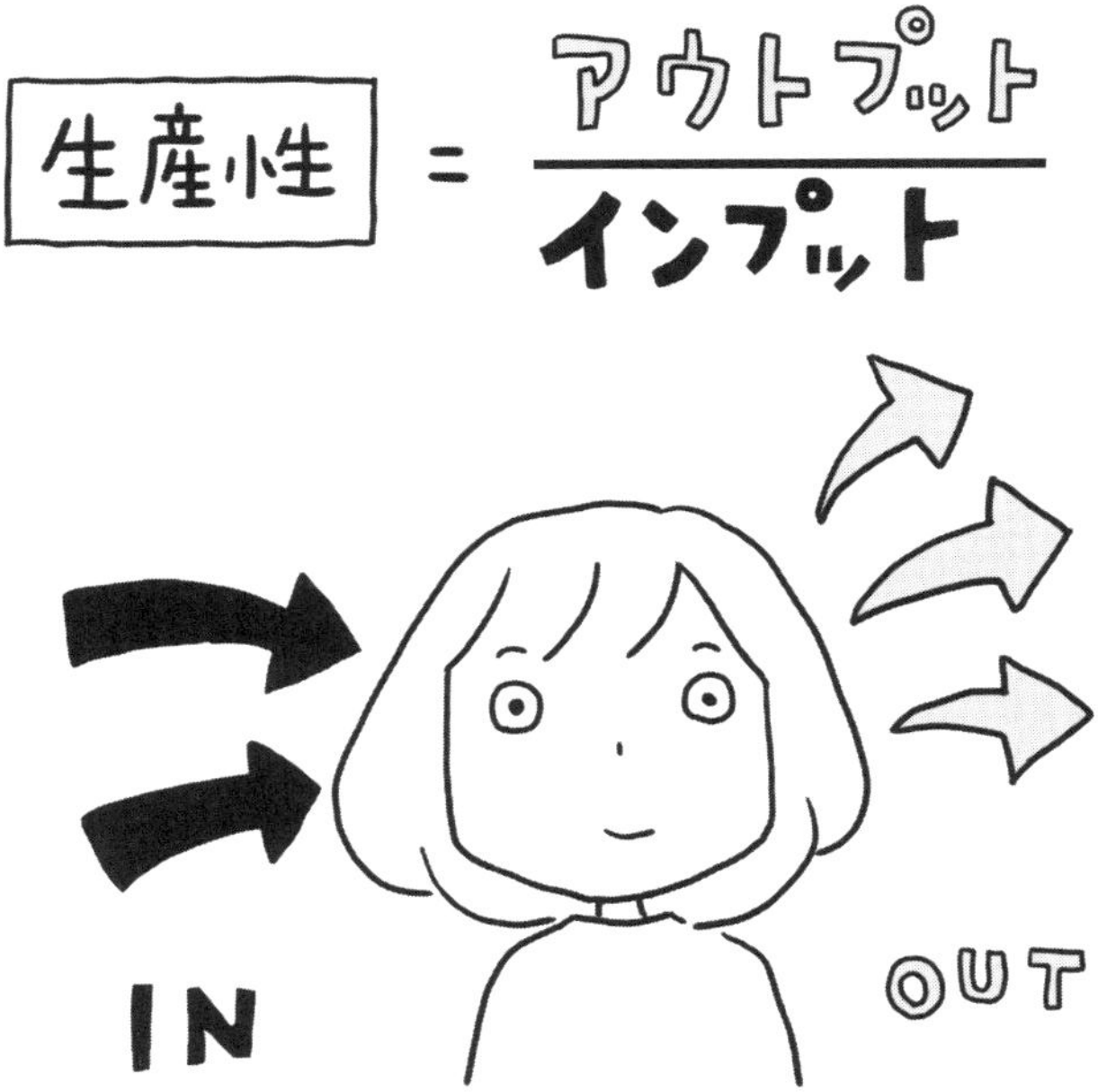

このように、ちょっとした雑談で得たインプットが、後になってアウトプットをする際の助けになることは珍しくありません。インプットとアウトプットは必ずしも同時発生しないのです。

目先のアウトプットだけ求めて、会話しない、雑談しない。これでは職場環境もギスギスします。管理職は先々のことも考えて、積極的に雑談が生まれる環境をつくりましょう。

そうはいってもわざわざ雑談をするのははばかられる。であればこそ、「偶然の出会い」がさりげなく生まれるオフィスづくりにチャレンジしてみてください。

Add column 02

尊重し合える環境は、つくれる!

マサチューセッツ工科大学（ＭＩＴ）のダニエル・キム教授が提唱しているモデルで、組織の成功循環を次の４つのステージからなるサイクルで示した概念です。この考え方は、チームのマネジメントにも大変役立ちます。

成功のための4つのサイクル

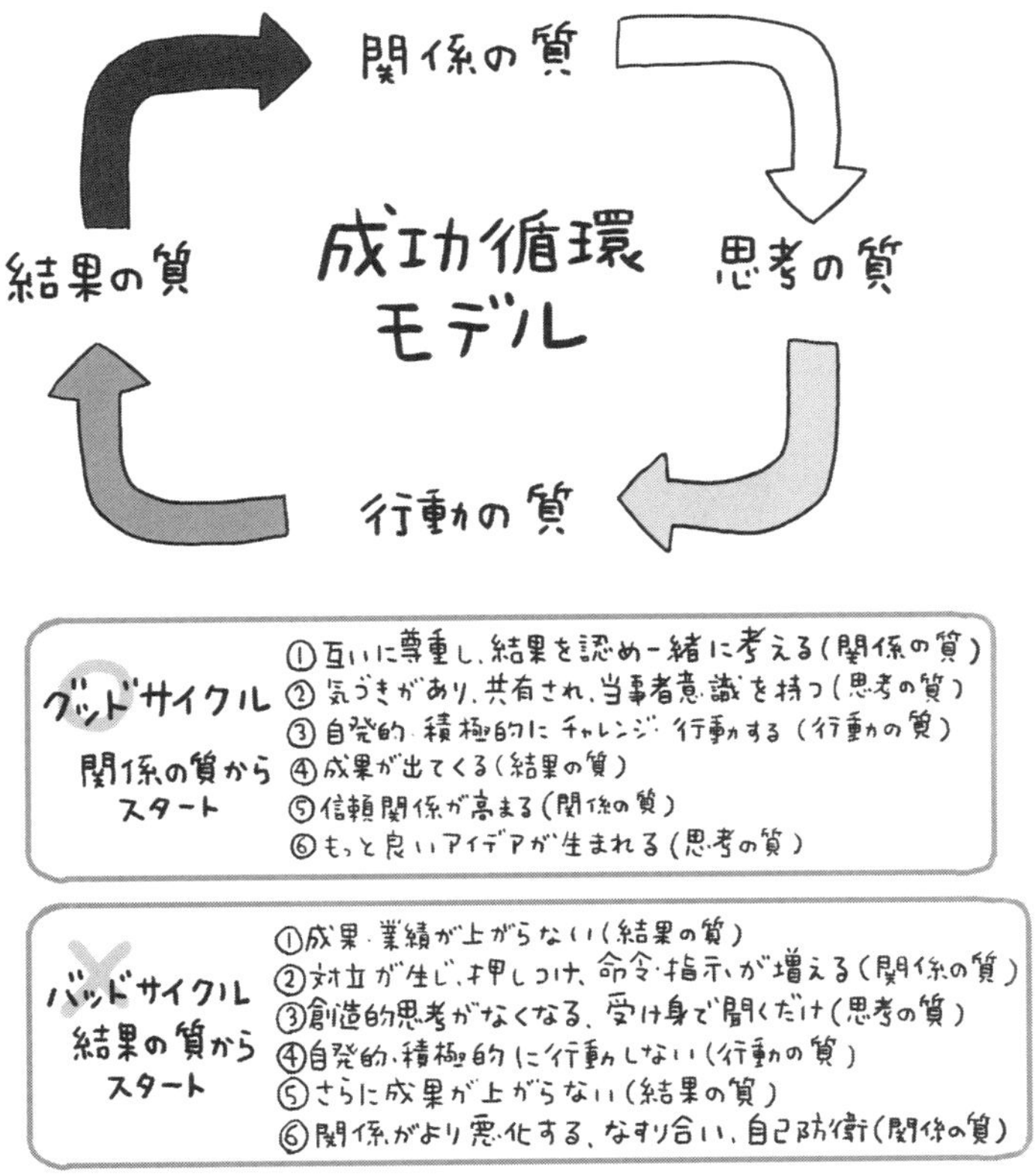
関係の質
思考の質
行動の質
結果の質
成功循環
モデル
グッドサイクル
関係の質から
スタート
①互いに尊重し、結果を認め一緒に考える（関係の質）
②気づきがあり、共有され、当事者意識を持つ（思考の質）
③自発的・積極的にチャレンジ・行動する（行動の質）
④成果が出てくる（結果の質）
⑤信頼関係が高まる（関係の質）
⑥もっと良いアイデアが生まれる（思考の質）
バッドサイクル
結果の質から
スタート
①成果・業績が上がらない（結果の質）
②対立が生じ、押しつけ、命令・指示が増える（関係の質）
③創造的思考がなくなる、受け身で聞くだけ（思考の質）
④自発的・積極的に行動しない（行動の質）
⑤さらに成果が上がらない（結果の質）
⑥関係がより悪化する、なすり合い、自己防衛（関係の質）

出典：ダニエル・キム（MIT 教授）のモデル

（1）関係の質
（2）思考の質
（3）行動の質
（4）結果の質

この循環モデルには2つのサイクルがあります。グッドサイクル（Good Cycle）とバッドサイクル（Bad Cycle）です。

バッドサイクル

（4）「結果の質」を向上させようと躍起になる、結果だけを求めるサイクル。そのとき、組織は以下の6つの悪循環に陥ります。具体例とともに見てみましょう。

①成果・業績が上がらない（結果の質）
部下「目標の売り上げが達成できそうにない」
上司「キミ、売り上げが上がっていないよね」

部下「…………」

②対立が生じ、押しつけ、命令・指示が増える（関係の質）

上司「とにかくテレアポを増やすしかない。ぼーっとしているヒマがあったら電話をかけまくれ！　それさえやれば、なんとかなる」

部下「……は、はい」

③創造的思考がなくなる、受け身で聞くだけ（思考の質）

部下「（いまどきテレアポなんてやり方が果たして正しいのだろうか……）」

④自発的・積極的に行動しない（行動の質）

部下、やらされ感で感情を殺しひたすら電話をかける。

⑤さらに成果が上がらない（結果の質）

部下、電話をかけても出てもらえない、出てもらっても門前払い↓やっぱり売り上げが上がらない。

部下「（本当に、このやり方が正しいの？　やっぱり時代遅れだよね）」

⑥関係がより悪化する、なすり合い、自己防衛（関係の質）

上司「なぜそこまでやったのに成果が出せないの？　キミ、向いていないんじゃないの？」

部下「あなたの指示通りにやっただけです。あなたのマネジメント能力が低いんです」

一方、継続的に成果を上げている組織のサイクルは次のように説明されます。

グッドサイクル

（1）「関係の質」の向上を重視します。お互いを理解しリスペクトする。上司と部下、あるいはメンバー同士で一緒に考える。メンバーに内発的な気づきや動機づけを促し、主体的な行動と成果の向上につなげるサイクルです。

その成功体験が、組織やメンバーへの信頼をさらに高めます。すなわち、（1）「関係の質」がさらに向上します。

①互いに尊重し、結果を認め一緒に考える（関係の質）

上司「前職ではどんなことをやっていたんだっけ？」
部下「通信販売の会社で、Ｗｅｂを使ったマーケティングやプロモーションをやっていました」
上司「そうか。なら、いままでと違ったアプローチで潜在顧客にリーチする方法が考えられるかもしれないね。デザインなんかもできるの？」
部下「はい。実は学生時代からＷｅｂが好きで、自分でサイト作ったり、学園祭のプロモーションしたりしていました」
上司「面白そうだね。それなら、新しいやり方を考えてみてよ」

②気づきがあり、共有され、当事者意識を持つ（思考の質）
部下「（ＷｅｂやＳＮＳを使ったプロモーションが考えられるかもしれない。あとはリアルなイベントだな。イベントとＷｅｂ、ＳＮＳを連動させてまずは認知向上を狙えないだろうか）」

③自発的・積極的にチャレンジ・行動する（行動の質）
部下「（まずは自社のサイトのアクセス分析から始めよう。それから、ウチの製品のプロ

モーションが得意そうなイベント会社にもあたりをつけておきたいな。忙しくなるぞ！）」

④成果が出てくる（結果の質）

部下「自社サイトのアクセスを分析した結果、我々が狙っているターゲットの地域や年齢層のユーザにほとんど見られていないことが分かりました」

上司「なんと！」

部下「そこで、次のようなアプローチを考えました……」

⑤信頼関係が高まる（関係の質）

部下「Ｗｅｂサイトをリニューアルし、ＳＮＳでの情報発信も増やした結果、ターゲット層へのリーチが次のように増えてきました……」

上司「なるほど。いいね。やはり、いまどき電話をかけまくるだけ、足で稼ぐだけの営業スタイルには限界があるよな。あなたのやり方をどんどん横展開していこう」

⑥もっとよいアイディアが生まれる（思考の質）

部下「Web／SNSでの当社と当社製品の認知度はだいぶ高まってきました。引き合いも増えています。次に、ユーザによる口コミ効果を狙いたいと考えます。そこで、次の提案ですが……」

グッドサイクルのポイントは、（1）「関係の質」の構築から始まっているところにあります。

すなわち、メンバーの特性や価値観を知り、相互理解を促すことでお互いのリスペクトと安心感を生む。そこから、メンバーに応じたやり方を一緒に考える。任せる。うまくいかなければ一緒に悩む。こうして信頼関係を構築しつつ、メンバーが主体的に考え、行動して成果を出す組織風土が醸成されます。

（ある程度の権限委譲が、組織の成長において大事なのはまさにそこにあります）

関係の質を高めるには、安心して自分の意見が言えるきっかけづくりと場づくりが肝。そして、雑談はメンバーがお互いの意見を言いやすくするためのきっかけです。雑談は無駄ではありません。グッドサイクルを回すエンジンだととらえましょう。

人はどうしても目先の結果だけを追ってしまいがち。

結果のような目に見えるものを管理するのはラクです。一方で、関係の質のような見えないものを管理するのはなかなか大変です。時間もかかるし、いつ結果につながるとも分からない。

しかし、そのような見えないものを管理する、あるいは促進できることこそマネジメントの本質と言えるでしょう。

あなたの組織は、マネジメントができていますか?

COLUMN 2

雑談のある
職場は強い!

スパイスファクトリー

エンジニアはコミュニケーションが苦手。

エンジニアは「話しかけられたくない」人たち。

もしかしたら、それは大きな誤解かもしれません。

実は、エンジニアは話すのが好き。教えるのが好き。知識を共有するのも大好き。

ただ単に、自信がないから、あるいはきっかけがないから黙ってしまっているだけ。マネージャーの働きかけ次第、仕掛け次第でコミュニケーションは活発になる。それを証明している会社があります。

スパイスファクトリー株式会社。東京・日本橋に本社を構える、総勢20名（含む：アルバイト、インターン。取材当時）のベンチャー企業です。

「10名を超えたあたりからですかね。社内コミュニケーションの必要性を感じはじめました」

泰昌平氏（メディアインテグレーション事業部　事業部長　27歳）はこ

う振り返ります。

　徐々に小グループができて、その仲間うちでしかコミュニケーションしなくなる。社内横通しの、全体の会話がない。

　Ｗｅｂシステムの受託開発や、インターネットメディアの運営を手がける同社。メンバーのほとんどはエンジニアです。個々のエンジニアはとてもよい技術やノウハウを持っている。発信しないのはもったいない。

「メンバーに発信するクセをつけてもらいたい。発信は楽しいと感じてもらいたい」

　そこで泰氏はメンバーが情報発信をするための、さまざまな仕掛けづくりを始めました。

　たとえばメンバー同士の情報共有。同社は、ｅｓａ※を活用しています。

※ｅｓａ（通称　エサ）：Expertise Sharing Archives for motivated teams. 合同会

エンジニアに対するイメージ

- 溢れ出す”話しかけるなオーラ”
- 技術が分からないので話の糸口が掴めない
- 一人で仕事をするのが好き?
- こわい。怒られそう。

※結構言われます

イメージしてしまいがちなエンジニア像（泰さんまとめ）。でも、実は違うんです！

社esa / esa LLCが提供するクラウドサービス。チームメンバー同士、インターネット上で情報共有やドキュメント共有ができる。「展開する自律的なチームのためのドキュメント共有サービス」がコンセプト。https://esa.io

メンバーはちょっとした気づき、仕事上の悩みをｅｓａでつぶやく。そうすると、他のメンバーやマネージャーが関連情報やアドバイスを投稿して助けてくれます。

とはいえ、もともと情報発信に慣れていないメンバー。最初はなかなか投稿しないのではないでしょうか？　そもそも、何を投稿したらよいのか分からないのでは？

「最初は部長２人がガンガン投稿しました」

今日こんな人と会った、ランチはどこに行った、いまＷｅｂ業界ではこんな技術が流行しているらしい、こんなことで困っている、などちょっとした発見や気づきをマネージャーが投稿する。

やがて、職場の空気が変わってきました。「こんなことを投稿しても

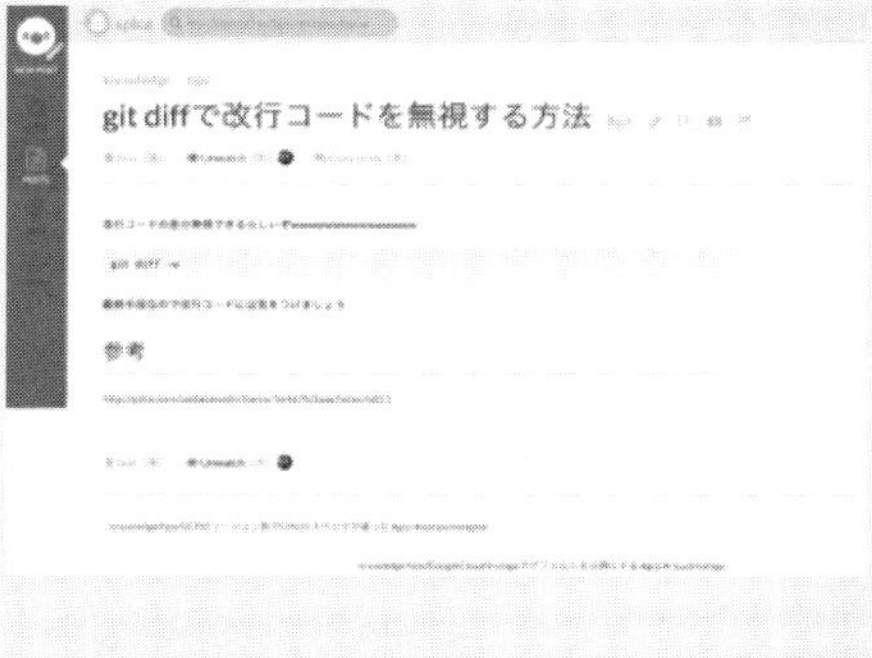

いいんだ」「こんなので、いいのか！」メンバーの情報発信のハードルが下がります。

「まずマネージャーがやってみせる。それによってメンバーに安心感が生まれました」

マネージャーは日々、メンバーから口頭で相談を受けたり情報をもらいます。そんなときは、こう一言。

「それ、esaにも書いておいて！」

「いったん、esaにまとめてみてくれる？」

こうしてメンバーによる投稿を増やしていきました。

質問や相談をしにくる若手メンバーには、自分が何に困っているのか分からない、何を質問したらよいのかが分からない人もいます。まずesaに投稿させる。これにより、悩み事を自分なりに整理して言語化する習慣をつけさせることができます。

メンバーはマネージャーと、esaに書かれた視覚情報を見ながら対面で会話。こうすると、対面のコミュニケーション効率もよくなります。

泰氏はまた、メンバーの投稿にレスをするよう心がけているそうです。人はフィードバックをもらえると嬉しく感じ、自ら投稿しよう、他の人の役に立とうと思うもの。こうして、esaによる情報発信が組織に定着してきました。

「esaを通じて、メンバーのさまざまなことが分かるようになりました」

具体的には、

・誰が何をしているのか?

・誰がどんなことで悩んでいるのか?

・誰が何を知っているのか?

が見えるようになったと言います。

「彼は最近、WordPressに関する投稿が目立つ。ということは、WordPressを使った仕事をしているんだな」

このように、わざわざ情報共有会などの大げさなコミュニケーションの場を設けなくても誰が何をやっているのかが自然と分かるようになります。

対面のコミュニケーションは便利な反面、情報が伝わる範囲は限定されます。共有されるのはその場にいる人限り。また、その情報は蓄積されません。

一方、非対面のコミュニケーションは、その場に居合わせなかった人たちも知ることができます。

たまたま自分がｅｓａを覗いたタイミングで、誰がどんな情報を持っているのかを知ることができる。たまたま、他の人の過去の投稿が目についた。それが、今の自分の悩み事を解決してくれた。非対面のコミュニケーション手段を活用する価値はそこにあります。

また、泰氏はｅｓａの投稿をもとに外に発信してほしい情報を発掘。**メンバーに声がけして、外向けの情報発信を促しています。**

・社外ブログの記事を書いてもらう
・Wantedlyの社員インタビュー記事で語ってもらう
・社内の勉強会をやってもらう
・社外のＬＴ※イベントや勉強会に出て情報発信してもらう

この投稿分かりやすいね！
これテックブログでも書いてみてよ！

※LT：ライトニングトーク（Lightning Talks）の略。5分程度の短い時間で行う簡易プレゼンテーション。IT系のイベントや勉強会で盛んに行われている。

こうして、対外コミュニケーションにも慣れてもらい、エンジニアの価値を高めるきっかけをつくっているのです。

「いきなり公に情報発信するのは怖いですよね。間違ったこと言ったらどうしよう、失敗したらどうしようって思う。でも、社内だったら誰かが間違いを指摘してくれる」

esaを使って、まず社内の日常的な情報発信に慣れてもらう→**失敗に慣れてもらう**→そこから外に向けて発信していく

このプロセスとカルチャーをつくることができたと言います。

泰氏はマネージャーでありながら、Webエンジニアの一人。だからこそ、エンジニアの気持ちがとてもよく分かる。

情報発信を恐がるのは何故？

- 自分のレベルに不安がある
- 誤った情報発信により、失敗することを恐れている
- 情報発信の経験がなく、なんとなく嫌だ
- イベント!?テックブログ!?こわい!!ファ!?

「実はエンジニアって情報共有が好きなんです。教えるのも嫌いじゃない。勉強会に積極的なエンジニアもたくさんいます」

コミュニケーションの活性というと、私たちはどうしても対面での対話を重視しがち。自らプレゼンテーションをする勇気とスキルがある人だけが評価される。それが、エンジニアのコミュニケーションに対する壁を高くしているのかもしれません。

エンジニアに寄り添い、コミュニケーションのハードルを下げる。対面が苦手なら、非対面の手段を使ってみる。マネージャーが自らエンジニアに相談してみる。

相手に合わせて、手を替え、品を替え、景色を変えてみる。そのコミュニケーションマネジメントこそが、いま現場に求められています。

エンジニアって・・・？

- 知識や資産の共有、教え合いの文化が根付いている
  - Github, StackOverFlow, OSS, LT
- 共同作業も嫌いじゃないよ！
  - アイデアソン，ハッカソン
- イベントも大好きだよ！
  - カンファレンス，勉強会，もくもく会

第3章 雑談を仕掛ける工夫、あれこれ

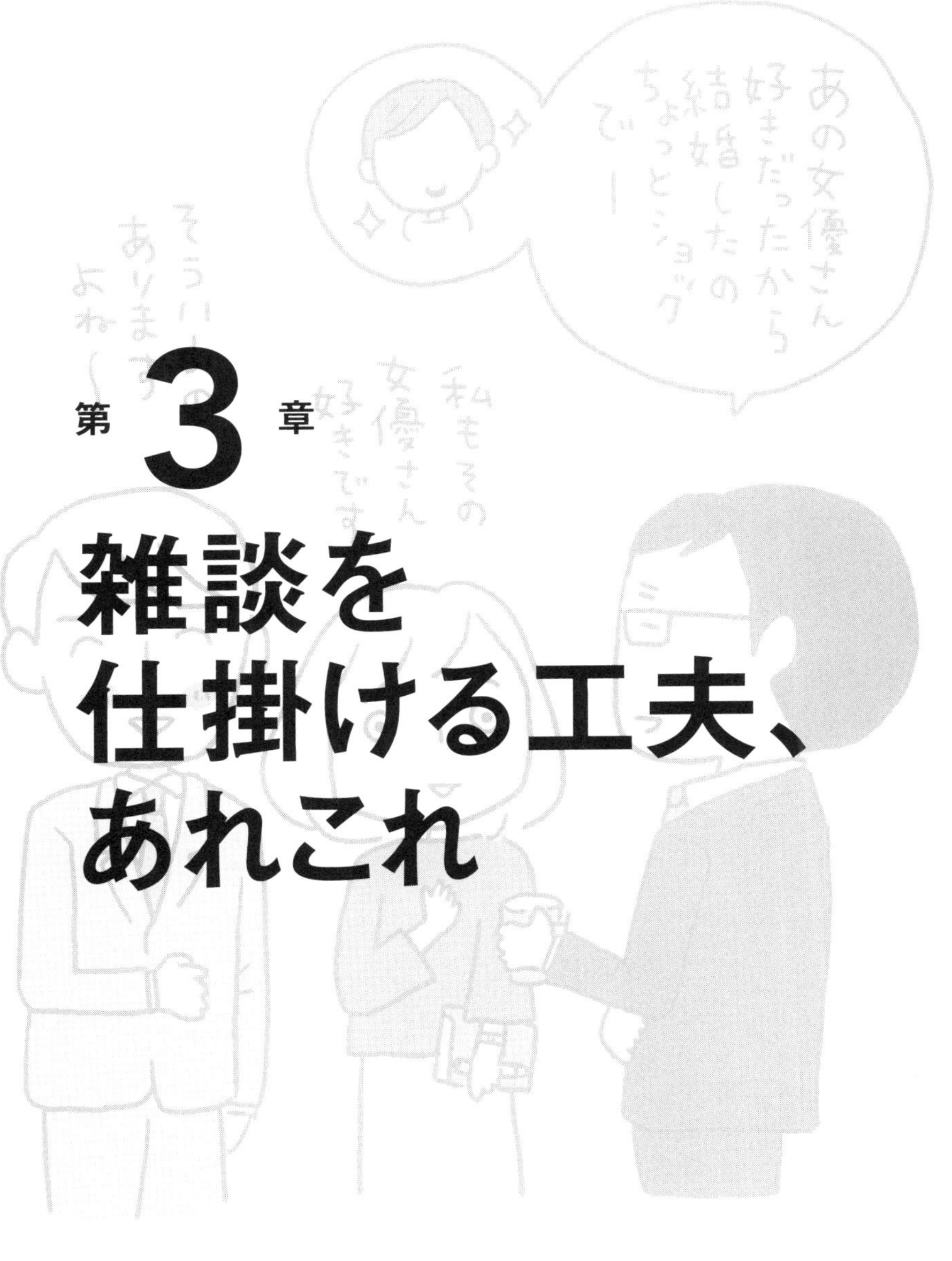

この章では雑談を起こしやすくするための「話しかけ方」「きっかけのつくり方」など、管理職やリーダーに意識してほしい振る舞いや行動習慣を考えます。

繰り返します。職場の組織風土はトップや管理職の行動に大きく影響されます。雑談のない職場、暗い職場。その原因は、あなたの日々の行動にあるかもしれません。

雑談が生まれやすい職場の管理職やリーダーは、次のような行動をとっています。

01
話しかけられやすい空気感をかもし出す

どの職場にもたいてい、話しかけにくい人と、話しかけやすい人が存在します。あなたの職場の様子を思い出してみてください。

話しかけにくい人は、次のような特徴があります。

話しかけにくい人の特徴5つ

①常に忙しそうにしている
②無言
③無表情
④会話にオチや答えを求めすぎる
⑤そもそも席にいない

1つ1つ見ていきましょう。

1 常に忙しそうにしている

課長のあなた。常にパソコンの画面を見つめ、時にブツブツ言いながらひたすらキーボードを連打。何かを考え出したと思ったら、突然立ち上がりセカセカと高速移動で会議室へ。

これでは、周りの人が話しかける余地はとてもありません。

2 無言

とにかく口数が少ない。出社するときも無言なら、外出するときも無言。「おはようございます」も「行ってきます」もなければ、「戻りました」の一声もナシ。

機嫌が悪いのかな？　話すのが嫌いなのかな？　周りにそう思わせてしまって当然です。

人を遠ざけるオーラ、発してませんか？

3 無表情

何を話しても表情を変えない。相槌もなければ、ただ淡々と聞いているだけ。明るい話題や、楽しい話題を振ってもニコリともせず本題に入ってしまう。

これでは、相手はあなたに話しかけた甲斐がないですよね。

4 会話にオチや答えを求めすぎる

意外と本人も気づいていないのがこれ。相手との会話に、オチや答えを求めすぎる。あるいは、無理やりまとめようとする。

相手はただあなたとの雑談を楽しみたいだけなのに、本題に入る前のハッピートークをしたいだけなのに、あなたは次のような無慈悲な一言を発してしまう。

「……それで？」

「……で、何が言いたいの？」

「つまり、要約するとこういうこと？」

この瞬間、相手の笑顔が凍りついて会話終了。おそらく、二度とあなたに雑談を仕掛けようとは思わなくなります。

「結論を最初に言う」「目的を意識する」「発言を要約する」

報連相や、会議などのビジネスコミュニケーションにおいては大事な鉄則ですが、雑談やくだけた会話にまでそれを求めるのはいかがなものか……。

5 そもそも席にいない

多くを語るまでもありません。あなたはそもそも自席にほとんどいない。これでは、文字通りお話になりません。

いかがでしょう？　あなた自身、あるいは周りのリーダーやサブリーダーに思い当たるフシはありませんか？

すべてを変えるのは難しいかもしれません。無言、無表情など性格的な特性のものもありますから。１つだけでも、行動を改善あるいは工夫してみませんか？

「ちょこっとだけ」「意識的に」余裕のある時間をつくる

「管理職には部下のハナシを聞くくらいの余裕が必要だ」
「常に忙しそうにしているのは、マネジメント失格」

……と、ここでマネジメントの理想論を振りかざすつもりはありません。そうは言っても忙しいから困っているわけで、無理をしてまで暇そうなフリをしたり、社内でブラブラする必要はありません。忙しいものは、忙しい！

一方で、忙しさを言い訳にしていたらいつまでたっても余裕は生まれない。そこで、意識的に余裕時間をつくる必要があります。

一日30分、あるいは10分でも構いません。何もしない時間をつくってみてください。自信がなければ、パソコンのスケジューラを立ち上げて毎日どこか10分「余裕時間」と入れて確保するのもよいでしょう。

ただ時間を確保して涼しい顔していてはダメ。周りをうろうろ歩いてみる。同僚や部下

社内徘徊のすすめ

の仕事の様子を気にかけてみる。このように「今、少し時間に余裕があるよ」を行動で示しましょう。

え、それすら難しい？

では、こうしましょう。毎日必ず行う習慣行動に、余裕行動を組み込んでしまう。

・「メールを打つのに疲れたら」▼周りを歩き回ってメンバーに少し話しかけてみる
・「トイレから戻るときは」▼フロアをぶらぶら一回りしてから席につく

このようなＩＦ・ＷＨＥＮの条件を自分なりに設定しておくと、行動パターン化しやすいです。しばらく続けていると、意外といい気分転換になることにも気づくでしょう。

相手の話を聞くときには「リピート」＋「感情ワード」で返す

性格的に、どうしても無言、無表情になってしまう人にオススメしている行動。

相手の話を聞くとき、相手が使った言葉やセンテンスを一部リピートして、そこに感情を示す言葉を一言添えてみてください。

たとえば、あなたが部下からこう話しかけられたとします。

部下「いやー、参っちゃいましたよ。朝から渋滞に巻き込まれちゃいまして……」

このとき、

「（無言）」
「ふーん……」
「あ、そう。ところで午後の会議についてなんだけれど……」
「で、何が言いたいの？」

こんな感じで流してしまったら、相手はなんだか気まずいですよね。

こう返してみてはいかがでしょう？

「渋滞か！　そりゃ、大変だったね」

部下が使った言葉をリピートして、さらに「大変だった」という相手（もしくは自分）の感情を示す言葉を添える。

これだけでも、その後の会話が続きやすくなります。

「リピート」＋「感情ワード」ぜひ、試してみてください。

自席にいる時間をつくる

これも前述の余裕のある時間づくりと同様、意識しないとなかなかできないかもしれません。

一日10分でも構いません。自席にいる時間を意識的につくりましょう。

え、出張や外出が多くてそもそも無理？

そんな人は、ITツールを駆使しましょう。

・メンバーとのグループチャットを立ち上げておく
・プレゼンス機能を活用して、あなたがオンライン（＝いまあなたがモバイルデバイスを通じて話しかけられる状態にある）であることを表示する

このような工夫をすれば、たとえ外出中であってもバーチャル（仮想的）に在席している状態になります。

使い方が分からなければ、若手に聞いてみてください。それだけでもコミュニケーションになります。

02 話しすぎない。聞き手に回る

自分からマシンガンのように話をしてしまう。相手の話を途中でさえぎって、ひたすら自分の話を展開する。これでは、相手はあなたに気軽に話しかけにくいですよね。たとえあなたから話しかけられたとしても、窮屈な感じがしてしまう。

ここは一つ、聞き手に回りましょう。

人は、自分の話を聞いてもらえる相手には信頼感を抱くといわれています。より心を開き、自分から積極的に話そうと思うようになるもの。

これは、雑談に限りません。業務の報連相も同じ。

報連相の少ない職場は、往々にして上司が部下の話を聞かない。さえぎって自分の話ばかりをする。部下の話を否定する。このような傾向が見られます。

すなわち「あなたに話す甲斐がない」「あなたに話しかけると、不快／めんどくさい」

話すのが好きな人こそ、聞き役に回ろう

最初のきっかけはあなたがつくるにしても、ひとたび会話が始まったらなるべく聞き役に徹しましょう。その際、01でお話しした「リピート」＋「感情ワード」が役に立ちます。

03 「ちなみに」「個人的には」が適度な会話を促進する

とはいえ、相手の話をただ聞いてうなずいているだけでは会話は盛り上がりません。相手の話を受け止めつつ、その話を深く掘り下げたい、あるいは広げたいもの。その際、便利な2つの枕詞があります。

「ちなみに」と「個人的には」

「ちなみに、そういう失敗談なら僕も経験があってね……」
「なるほどね。個人的には、旅行するなら海よりも山がいいな。実は来週も天竜の山にドライブに行こうかと思っていてね……」

このように、話をより深める／広げることができます。相手はあなたのことをより深く知ることができて親近感を持つとともに、その後の雑談のきっかけづくりにも。

04 相談モードで話しかけてみる

むしろ部下のほうが忙しい。なかなか雑談をもちかけにくい。

あるいは、わざわざ業務外のことを自分から話しかけにくい。


そして、部下からも話しかけてもらえない。

そんなときは、相談モードであなたから部下に話しかけてみましょう。


「ちょっと個人的に困っていることがあるんだけれど、話聞いてもらってイイかな？」

「息子が読書感想文の宿題で困っているんだけれど、オススメの本ないかな？」

「Excelの使い方で困っていて、ちょっとワザを教えてもらいたいんだけれどいいかな？」

「来週富山に出張するんだけれど、確かあなた富山出身だったよね？　食事どころのオススメ知っておきたいんだけれど教えてもらえる？」

人は相談されると、ちょっと嬉しい

伊東さん海外旅行よく行ってるよね
ちょっと相談してもいい？
あっはいもちろんです！

人は頼られると嬉しく思うもの（頼りすぎは問題ですが）。それが年上や目上の人からなら、なおのこと。

この会話をきっかけに、部下が気軽に話しかけてくれたり、相談をもちかけてくれるようになったら理想ですね。

05 その場にあるモノをネタにする

窓の外に見える景色
そこにあるもの
相手が身に着けているもの

その場にあるモノは、雑談やちょっとした会話のネタになりやすいです。とはいえ、同じフロア、同じ事務室、同じ会議室、いつもと同じ景色ではなかなか会話のネタも拾いにくいもの。景色を変えてみましょう。

コミュニケーションをより活発にするには、3つの「変える」がポイントです。

（1）場所を変える
（2）手段を変える

1 場所を変える

フロアを離れて休憩室や食堂に行ってみる。外の公園に行く。カフェでお茶でも飲みながら。たまには場所を変えてみるのもよいでしょう。

2 手段を変える

コミュニケーションの手段を変えてみる。対面オンリーではなく、たまにはメッセンジャーやチャットでやりとりしてみる。会話は苦手、でもテキストのやりとりは得意な人もいます。対面よりスムーズに会話できる場合も。ちょっとした言い回しや言葉遣い、誤字脱字、絵文字や添付画像などがきっかけとなって、意外な盛り上がりに発展することも。デジタルツールならではです。

コミュニケーションが活性化する3つのポイント

3 相手を変える

特に部下や若手と対話する場合、相手が上司のあなた一人だとなかなか本音を言いにくいかもしれません。

・もう一人、相手と近しい世代や職位の人を入れてみる
・他チームや他部署のゲストを混ぜてみる

メンバーを変えてみるだけでも、景色がガラリと変わります。

06

小ネタとなる道具を用意する

相手と会話をするとき、なにかしらの小ネタとなるような道具を持っておくと便利です。あなたのデスクの上に置いておく、でも結構。

・旅行先で買ったお土産
・いま読んでいる本
・家族の写真
・ちょっと変わった文房具
・リラックスグッズ（クッション、マッサージ器具など）
・ぬいぐるみやフィギュア
・お気に入りの湯飲みやマグカップ

こんなものでも、十分雑談のきっかけになります。

机の上をキレイにする。オフィスの整理整頓を心がける。

もちろん、それも大事です。しかし、コミュニケーションもキレイさっぱりなくなってしまっては残念。

少しくらい余計なモノを置いて、雑然としているくらいのほうが雑談も生まれやすくなります。

07 たまには差し入れの1つもしてみる

プロジェクトが佳境。年度末の繁忙期。チームメンバーはみな忙しそうにしていて、余裕がなさそう。ともすれば、いつも以上にギスギスしてしまいがち。

ここは1つ、差し入れをしてみましょう。

・夕方に、お菓子を差し入れる
・残業時間に、軽食を差し入れる

リーダーのこんな心遣いが場を和ませ、そしてチームメンバーに「ひと休み」する大義名分を与えることができます。

「実はいまこの作業でつまずいていまして……」
「クレーマーにつかまってしまって、どうしましょう？」

お菓子や軽食をつまみながら、こんな雑談や相談が生まれたらしめたもの。メンバーは忙しさのあまり、報連相を控えている可能性もあります。このようなちょっとしたリフレッシュタイムが、きっかけづくりになります。

ちなみに、（職種にもよりますが）差し入れの品は次のようなものは避けたほうが無難です。

・形が崩れやすいお菓子（例：ボロボロと崩れやすいクッキー）
・油もの（例：ポテトチップ、フライドチキン）
・汁もの（例：テリヤキソースたっぷりのハンバーガー）

手やキーボードを汚しやすくなり、仕事に集中できなくなる恐れがあります。個包装のお菓子、溶けにくいチョコレート、キャンディー、パンくずの出にくいサンドイッチなどが喜ばれます。

08

なによりリーダーは積極的に自己開示を！

とにもかくにも、リーダーは積極的に自己開示する。それが、なによりの雑談促進剤になります。

第1章を少し振り返ってみましょう。大手製造業の課長が「カギは自己開示」と語っていました（30ページ参照）。

私自身の体験を振り返ってみても、グローバルプロジェクトのマネージャーはとにかくよく自己開示していました。いままでどんな会社・部署でどんな仕事をしてきて、そこで何を学んで、どんな資格を持っていて、出身に家族構成に趣味に好きなスポーツチームに……。

そうすることで、メンバーがリーダーの人となりを知ることができるのはもちろん、「自分も自己開示していいんだ」「プライベートな話や雑談をしてもいいんだ」と思うようになります。

やがて、自然と自己開示するように。

返報性の法則というものがあります。人は他人から施しを受けたとき、お返しをしたいと思う。その人間の心理を説明しています。自己開示もまたしかり。自分をさらけ出してくれる相手には、やがて自己開示してもいいかなと思うようになるでしょう。

ただし強要はご法度！　相手を心理的に追いつめてしまったり、ともすればハラスメントになりますから。

COLUMN 3

雑談のある職場は強い!

オトバンク

「とにかく情報を『いったんオープン』にしてみようと思いました」

久保田裕也氏（株式会社オトバンク　代表取締役社長）の瞳に力がこもります。

オトバンクは、オーディオブックをはじめとする音声コンテンツサービスを手がける企業。ビジネス書、小説、童話など既に2万作品以上を音声で提供しています。通勤時間、出張の移動時間、家事や入浴の時間などちょっとしたスキマ時間を読書時間に変えられると好評。市場規模を拡大させています。

自社にスタジオを構え、企画制作～収録～配信まで一貫して行えるのが同社の強み。社員の職種も、制作、開発、コーポレートと多岐にわたります。ディレクター、エンジニア、クリエイター、経理、広報など特技も個性も価値観も異なるメンバー。最適な働き方も人それぞれ。そこ

で、同社は全社員を対象にしたリモートワークやフレックスタイム制度など、社員が主体的に働くことのできる仕組みを率先して導入しました。「満員電車禁止令」なるユニークな制度も。無駄なリスクやストレスを排除し、社員が自分の仕事をセルフマネジメントできるようにする狙いです。

一方で、働き方が多様化するとコミュニケーションの課題も出てきます。

「30名を超えたあたりからですかね。社員の顔が見えなくなってくるんですよ。社員同士もお互いが何をやっているのか？　自分の仕事の方向性が正しいのか？　見えにくくなる。これはマズイと思いました」

同社の現在（取材当時）の社員数はおよそ50名（含むアルバイト）。社員数が増えるにつれ、同じ方向を向いて走るためには何らかの仕掛けが必要になる。久保田氏は語ります。

「社長と社員、社員同士、お互いの顔が見えなくなると皆『忖度』しはじめます。社長の自分が見えないところで、よく分からない無駄な慣習が生まれる。そうかといって、社長が社員と対話しようとすると今度はお互い立場を意識してしまう。どうしても本音が出ない」

そこで、久保田氏は社内コミュニケーションの仕組みづくり、きっかけづくりに力を入れました。

その一つに、コミュニケーション基盤の統一があります。オトバンクでは社内の情報のやりとりを、従来のメールをやめてSlackに統一しました。

社員への通達や周知事項はもちろん、業務に関するやりとりや、ニュースの共有、趣味の雑談までさまざまなチャンネル（メッセージをやりとりする場）を開設。社内のオンラインのコミュニケーションはすべてSlackで行われます。

「次の宴会で、何を飲みたい？」「イベントやります！」

こんなカジュアルなコミュニケーションも。

「業務はメール、業務外のコミュニケーションはSNSで……のように手段を分けてしまうと情報共有しにくくなります。また、メールだと宛先に入っていない人は情報を知ることができません。おのずと、誰が何をやっているのか分からなくなる。そして、誰をCCに入れるか？　など考える時間や無駄な忖度が発生する。だから全部オープンに、全部Slackでやることにしました」

Slackを導入した結果、社員はメールにはないメリットを実感しはじめます。
・業務のスピードが速くなった（例：わざわざ宛先を調べて選択したり、メール特有の挨拶文を書かなくてもよい）
・コミュニケーションのテンポがよくなった（例：気軽に投稿して、気

軽に回答できる）

・メールではなかなか決まらないことが、決まるようになった

・業務の抜けや漏れが少なくなった（例：回答し忘れを誰かが気づきやすい。気軽にコメントして指摘しやすい）

今ではメールを使うことがもはやストレスに。

「メールは面倒だから、Slackでやろう」

こうしてSlackでの情報共有が当たり前の景色になりました。

とはいえ、Slackのような新しいツールに苦手意識を持つ人もいるのではないでしょうか？　初期の導入でつまずく会社も少なくありません。

「制作チームのメンバーは、新しいツールに抵抗感がありましたね。—

方、開発チームはSlackを既に使いこなしていました」

そこで、開発チームのエンジニアやクリエイターがSlackの使い方を社内wikiにアップしたり、制作チームのメンバーから直接話を聞いてアドバイスしたりとSlackの啓蒙活動を行いました。徐々に職場の景色が変わります。Slackの活用が進むのみならず、開発チームと制作チームの距離が近くなってきました。

「この人たち（エンジニア、クリエイター）いい人たちだ！」

やがて飲み会で話をするように。そして業務時間では、自分たちの仕事がどのようにサービスの価値向上に寄与するのか？　など本質的な議論も。異なる職種の社員同士、お互いのリスペクトが生まれ、自分たちの仕事の意味を主体的に考えるようになりました。

ところで、飲み会といえば社内コミュニケーションのきっかけづくりの定番。オトバンクの飲み会の様子を聞いてみました。

「オトバンクの飲み会は、会社の中で行われるんです」

こう語るのは佐伯帆乃香氏。彼女は2015年に入社し、広報担当として社内外を飛び回っています。

オトバンクでは月1回飲み会を実施。以前は、世の中の多くの会社と同様、お店を予約して開催していたそう。ところが、時間になってもなかなか参加者が集まらない。フレックスタイム制を採用している同社は、仕事が始まる時間も終わる時間も各自でバラバラ。参加者が集まらないと、幹事のモチベーションも下がります。

さりとて「集合時間厳守！」と厳命するとたんに雰囲気が重苦しくなり、楽しいはずの飲み会も「やらされ感」満載の場に。仕事が終わらず、休日出勤する羽目になる社員も。これでは本末転倒です。

そこで発想を転換。オフィスで飲み会をすることに。

社員は皆、自分の都合のいい時間に、自分の仕事が終わってから三々

五々コミュニケーションスペースに立ち寄ってワイワイと飲み食い。運営は、料理が好きで得意な人、お酒に詳しい人など有志の社員がチームを組んで行っています。

「この前の飲み会では、オードブルでごぼうのポタージュが社員の机の上に配られたんですよ。デザートは柿のゼリーでした」
「あれ、めちゃ美味しかったよね！」
嬉しそうに顔を見合わせる久保田氏と佐伯氏。本格的なフルコースが振る舞われることも珍しくないとか。聞いている私の胃袋も刺激されます。

メニューのリクエストはSlackで募り、毎回運営メンバーが協議して決めます。自分たちの好きな料理、好きなお酒を振る舞うことができる。運営メンバーのモチベーションも高く、社員同士のコミュニケーションも盛り上がります。

「全員をお店に集合させるスタイルだと、なかなか一人ひとりとゆっくり会話できないですよね。あるいは、いつも同じメンバーで同じ場所に固まってしまったり。このスタイルに変えてから、皆バラバラと集まって、バラバラと帰っていく。少人数でゆっくり話ができるようになりました」

結果、日ごろの業務では関わりの薄い社員同士の会話が生まれ、お互いの人となりが分かるようになってきたそうです。

オトバンクの飲み会は、社員以外の参加もよしとしています。社員の家族や友人が一緒に飲み食いする光景も。それが、適度な緊張感と風通しを生んでいるようです。

「ウチ（オトバンク）は、他社に転職した元社員もフツウにやってきますよ」

と久保田氏。転職先の不満を言ってスッキリして帰っていく人もいれ

ば、外から見たオトバンクの課題を指摘してくれる人、他業界の情報やトレンドを教えてくれる人も。中にはオトバンクに復職する元社員もいるそうです。

「会社にいながら外の情報が入る。そこから新たな着想が生まれることがあるんです。こんなにありがたいことはないですね」

マラソンで鍛えた久保田氏の顔に、新たな笑みが灯ります。

「働き方改革」が日本で叫ばれるようになってはや2年。ともすれば制度だけ、根性論だけの空回りに終始しがち。

ほんとうの働き方改革に大事なのは何か？　会社の「徳」と管理職の「度量」、そして社員の「本気」です。チャレンジと成長を続けているオトバンクの横顔に、その3つを感じました。

第4章 雑談が生まれやすい環境づくり、あれこれ

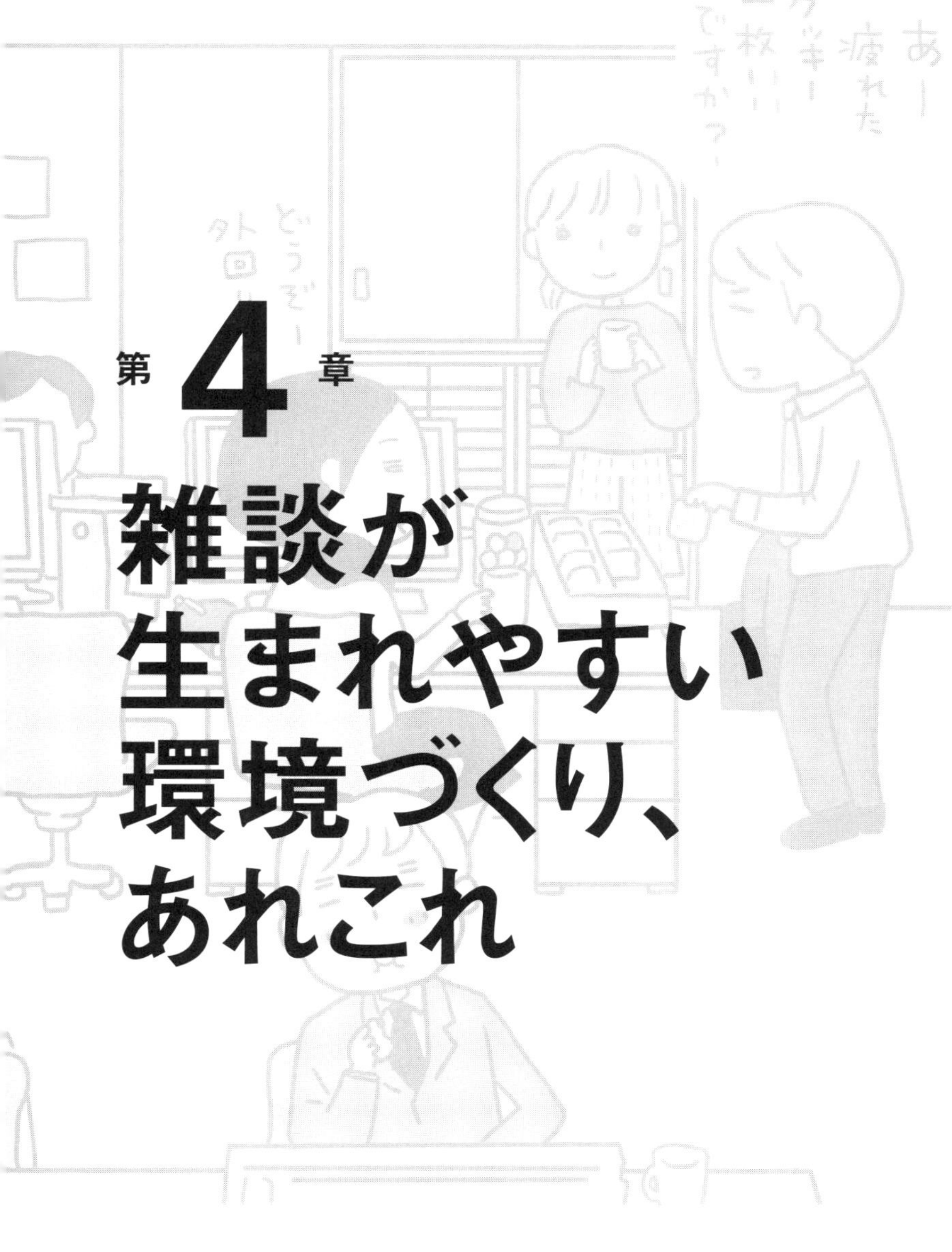

第3章では、職場に雑談を誘発するために管理職やリーダーが意識してほしい行動について考えました。

ところが行動だけでナントカするのは限界があります。忙しい管理職やリーダーのあなた。常に職場にいるとは限らないですし、そうしょっちゅう働きかけをするわけにもいかないでしょう。第一、そんなことばかりしていたら気疲れしてしまいます。

職場で雑談が生まれやすくするためには、環境づくりも大事。景色を変えて、「偶然の出会い」「必然の出会い」が生まれ、コミュニケーションが自然発生するよう仕掛けていきたいもの。

できれば、あなた一人で悩むのではなく、

・部門の総務担当
・職場の風紀委員
・若手でコミュニケーションに積極的なメンバー

など、オフィスづくりの予算や権限を持つ（あるいはアイディアがなくて困っている）人たちと一緒に読み進めてください。

ただし「鉄板」はありません。なぜなら、組織は生き物だからです。その組織の風土や文化、業界の特性、さらには構成するメンバーの世代や個性によっても、ササる方策は変わってきます。また、たとえ同じ組織あっても、時代が変われば、メンバーが変われば適切なコミュニケーションのやり方は変わってきます。同じ方法が2度通用するとは限りません。

したがって、なるべく多く景色の変え方のバリエーションを持っておくに越したことはありません。あるやり方がダメなら、別のやり方を試してみる。そうして、トライ&エラーを繰り返して自分たちに合う方法を探していってください。

私は日産自動車では海外部門の部内広報担当として、NTTデータではオフィスソリューション統括部で、社内コミュニケーションを活性化するための仕掛けづくりをしてきました。そこでトライ&エラーしてきた取り組み、そしていま現在クライアント先ほかで見聞きしている取り組みを紹介します。

なお、事例は〈オフィスの仕掛け編〉〈職場の活動編〉〈個人編〉の3つに分けてお話しします。

オフィスの仕掛け編
「偶然の出会い」を生まれやすくするための、オフィスの動線の工夫や仕掛けづくり。

職場の活動編
「必然の出会い」を促進する、オフィスでのイベントなど活動の事例。

個人編
個人レベルでいますぐ取り組むことができる小さな創意工夫。

大きなものから小さなものまで。職場ぐるみで仕掛けるのがいいのか？　あなたの個人レベルの取り組みで始めるのがいいのか？　状況に合わせて試してみてください。

まずは〈オフィスの仕掛け編〉から。

01 オフィスの仕掛け編

リフレッシュコーナー／オープンスペースをつくる

フロアの端っこにある休憩室や談話コーナーにひと工夫加える。あるいはリフレッシュできるコーナーやオープンに打ち合わせできるスペースを新設する。

・いつもの椅子と机をオシャレな北欧家具に替えてみる
・クッションとソファを置いてみる
・オフィス然としたグレーや白の四角いデスクではなく、明るいウッドの丸テーブルにしてみる

さながらカフェのような明るくて清潔な空間。そこだけ、ガラリと景色が変わります。

休憩したくて集まった人同士、リラックスムードで自然と会話が生まれやすくなりま

人が集いたくなる家具を設置してみる

す。また、ちょっとした相談や、会議室が満室のときなどの打ち合わせで使うこともできます。いつもの会議室と違って和らいだムードで打ち合わせでき、雑談や本音ベースの意見やアイディアが出てきやすくなります。

オフィスのデスクだとどうしても空気も会話も堅くなりがち。わざわざ雑談をする雰囲気にもなりにくいです。景色の違う空間を設ける。「ここではリラックスしていいんだぞ」の空気を漂わせる。それだけで雑談が生まれやすくなります。

自分たちで考えるのが難しければ、オフィス家具メーカーやオフィスデザインの会社に依頼するのも一考です。素敵なオフィス空間を提案してくれるでしょう。

お菓子を置いてみる

「衣・食・住」は雑談の鉄板ネタ。なかでもお菓子は絶好のコミュニケーションツールです。人が集まる場所、あるいはデッドスペースに置いておくだけでメンバーが立ち寄り雑談が生まれるきっかけになります。タバコやコーヒーは苦手でも、お菓子は苦手な人が少ない分共通のコミュニケーションツールとなり得ます。

・会議室に飴を置いておく

・コピー機の横、キャビネットの端にお煎餅やクッキーを並べておく

あるいは、前述のリフレッシュコーナーやオープンスペースに置くのもよいでしょう。長期休暇明けには、メンバー各自が買ってきた全国各地のお土産を並べておけば話のネタも増えますね。

いちいち買い揃えるのが面倒？

最近では「オフィスグリコ」など、オフィスにお菓子コーナーを設置してお菓子の補充や回収をしてくれるサービスもあります。自分たちで運営したくなければ、外部サービスを利用するのも手です。ただし、食べすぎには注意！

オフィスにコーヒーマシンを置いてみる

最近、オフィス向けの小型コーヒーマシンが注目されています。

カプセルと水をセットし、ボタンを押すだけでカップに美味しいコーヒーが注がれる。家電量販店でも目にすることが多くなりました。オフィスの休憩コーナーに設置してみて

はいかがでしょう?

自動販売機や給茶機に較べて手間がかかります。カプセル(豆)を選んで、水が足りなければ注いで、カップをセットして、ボタンを押して抽出を待つ。この手間と待ち時間こそが、雑談発生のチャンスをもたらします。

・操作方法が分からずあたふたしていたら、通りすがりの派遣社員が助けてくれた
・待ち時間に次の人との会話が生まれた
・どの豆がオススメか、次の人に聞いてみた

何気ない会話が生まれるシーンを、私自身何度も目にしています。その会話がきっかけで、次にすれ違ったときに挨拶するように。

コピー機の置き場所を変えてみる

コピー機、複合機。

コピー機を動線上に移動してみたら

あなたのオフィスにも置いてあることでしょう。隅っこの方に。

ここは一つ、発想を変えて真ん中……とまではいかなくても、フロアの動線上に移設してみませんか？

通常、コピー作業は端っこの目立たないところで壁に向かって黙々と行います。ところが、人が行き交う動線上に置くとどうなるか？　通りすがりの人と顔を合わせ、挨拶や雑談をしやすくなります。紙詰まりで困っていたり、トナー切れでキョロキョロしていたら、誰かが気づいて助けてくれることも。

また原紙やＦＡＸの取り忘れにも誰かほかの人が気づきやすくなり、オフィスの情報セキュリティ向上にも寄与します。

フリーアドレスにしてみる

固定の指定席をやめ、自由席にしてみる。大机を置いて、毎朝好きな場所に座って仕事するようにする。いわゆるフリーアドレスも、雑談を起こりやすくする効果があります。

いつも決まったメンバーで、決まった場所に座っているとなかなか気分も変わらない。会話のネタも尽きがち。また、隣や向かいの人との相性が合う／合わないの問題もあります。毎日景色を変えられる。それだけで、会話のきっかけが生まれやすくなります。

「たまには○○さんの隣で仕事してみるかな」

こんなノリで、自発的に座る場所を変える人が出てきたらしめたもの。

ヤフーは現在の紀尾井町のオフィスに本社を移転する際、全館フリーアドレスを導入しました。同じチームでありながら、毎日出社するフロアも座席も違う。部署の壁を越えたコミュニケーション活性を狙ったといいます。さすがにそこまで大げさなことはできなくても、部署単位、チーム単位でフリーアドレスを試してみる価値はあります。

ただし、単にフリーアドレスを導入して「はい、おしまい」……ではなかなかコミュニケーションが活性化しないことも。仕込みや仕掛けも大事。次の項で詳しく解説します。

席替えしてみる

「フリーアドレスね。ウチの職場には馴染みそうにない」

従来通りの固定座席のオフィスでも、景色を変えることは十分可能。

半期に1回、あるいは四半期に1回程度、席替えをしてみてはいかがでしょう?

隣の人、向かいの人が変わるだけで新たな会話が生まれたり、お互い何をやっているのかが分かるようになります。

席替えの効果は、雑談や会話を生むだけではありません。

誰しも仕事がしんどい時期、つまらない時期はあるでしょう。そうなると、オフィスの景色を見るのすら憂鬱になるもの。ちょっとした変化が、気分転換をもたらします。

複数の人たちが働くチーム。苦手な上司や、性格が合わない人もいることでしょう。その人の横顔を見るのすら嫌になる。席替えをすることで、空気を変えることができます。

いわゆる、メンタルヘルスの維持向上にも寄与します。

また、隣や向かいの人を変えてみると「意外とこの人とこの人、話が合うんだね」「この2人がタッグを組むと、新しいことができそうだ」など気づきが生まれることも。チームワークの可能性のバリエーションが増えます。

今日の一言を掲示する

皆が毎朝必ず通りがかる、社内掲示板やホワイトボード。エレベーターホールの脇のちょっとしたスペース。

そこに「今日の一言」を掲げている会社もあります。

「急がば回れ」

「失敗から学ぼう」

「後工程を意識しよう」

のような教訓めいたお言葉もあれば、

「駅前に新しいドーナツ屋さんができたようです」

「ご存知でしたか? "Ctrl" + "V" キーで、コピー操作ができるんです」

のような小ネタまで。

ちょっと立ち止まって、雑談が生まれるきっかけになります。

・部課長が率先して、毎朝今日の一言を書く
・チームメンバー持ち回りで、当番を決める
・「今月は情報システム部です」のように、部署持ち回りで当番制にする

やり方次第では、社員同士、メンバー同士、あるいは部署同士、人となりを伝え合う機会に。

それも大変なら、市販されているメッセージつきの日めくりカレンダーを貼り出す、でもよいかもしれません。

今日の一言。よくお寺や神社の門前に掲げられていますね。ハンバーガーショップやカフェの入り口に、黒板に定員さんのメッセージが書かれていたり。コミュニケーション活

性のヒントは、意外とそこらじゅうに転がっているものです。

オフィスサイネージ

オフィスペースに大型のディスプレイを設けて情報を流す。いわゆる、オフィスサイネージも最近コミュニケーション活性のツールとして注目されています。

「○○さんご結婚／ご出産おめでとう」
「部長メッセージ」
「フットサル大会のファインプレイ集です」
「２０１７年度新入社員紹介」
「定時退社日にオススメのプレイスポット」

写真つきで、あるいは動画で流せば視聴率アップ。その場ではなにも起こらなくても、自席に戻ってから、あるいは昼休みに隣の人と「そういえば、ディスプレイで見たんだけれどさ……」のように雑談が始まるきっかけになります。

ホンダでは、社員食堂にディスプレイを複数台設置。決算発表、製品情報、イベント情報／ニュースなどを放映しています。食事を終えた社員が、何気なく眺めながらそのコンテンツをネタに雑談するシーンを見かけます。社員食堂、通勤バス、休憩コーナーなど社員が集まるスペースに置くのも手です。

応接室や会議室を食堂として開放する

「社員食堂……なんて大企業のハナシでしかないでしょう。ウチは中小企業。社食なんてありません」

そして今日も一人寂しくデスクでお弁当をつつく。あるいはバラバラと外に出かけていく。なんだか寂しいですね。

即席で社員食堂をつくってしまいましょう。

応接室や会議室。昼休み時間のみ「社員食堂」の貼り紙を掲出。お弁当を持ち寄って食べる場所に変えてしまう。かわいらしいテーブルクロスの一つもかければ、無機質なオフィススペースもこじゃれたお喋り空間に早変わり。雑誌やカードゲームでも置いておけ

即席の社員食堂を交流の場に

ば、食事後の会話のきっかけにもなるでしょう。

オードブルやお弁当を宅配してくれる、ケータリングサービスを頼むのもありでしょう。


この即席社員食堂。近隣（同じビルの他のテナントなど）の企業の人たちに開放しても面白いかもしれません。みなさん、食堂がなくて困っているかもしれません。同じような寂しさを感じていることでしょう。

ここは一つ、あなたの会社が率先して場所を開放してあげてはいかがでしょう？

いつも同じ社内の同じメンバーだと会話もマンネリ化します。お隣同士、ご近所さん同士、顔を合わせてお弁当をつつけば会話も広がり、日ごろのお悩みの解決の糸口が見つかるかもしれません。自社を知ってもらうきっかけにも。そうして仲よくなれば、飲み会に行ったり、勉強会をやってみたりと交流の幅も広がります。

もう一つ。会議室の社外開放には大きなメリットが。

「書類、出しっぱなしにしておいたらマズいよね」
「ホワイトボード、きちんと消しておかないとね」
「昼休み5分前には会議を終えて退出しないとね」

会議室や応接室に機密情報を放置しない行動習慣、および休憩時間中もだらだら会議しない風土醸成にも寄与します。

休憩スペースにおもちゃを置いてみる

おもちゃも雑談を誘発する絶好のツールの一つです。最近、休憩スペースに卓球台やダーツが置いてあるオフィスを見かけるようになりました。卓球は2人以上いないとできないので、それ自体がコミュニケーションのきっかけになります。

「そんな広いスペース、ありません」
「音が気になる」

では、ブロックおもちゃでも置いてみてはいかがでしょうか？　これなら省スペースでもできますし、音も出ません。

ある会社で見た光景。気晴らしがてら、黙々とブロックおもちゃを組み立てるエンジニア。そこに他部署の社員が通りがかって、「え、なに作ってんの？」と声をかける。横に腰掛け、雑談しながらブロックを手に取り何かを作り始める。

おもちゃはちょっとした気晴らしにもなります。リフレッシュし、新しいアイディアを誘発する効果も。オフィスにおもちゃ。試してみてください。

オフィスライブラリー

いつもの休憩室。社内のブックスペースにしてみましょう。本棚を買って、ビジネス書や技術書を並べるもよし。英語学習の教材を置くもよし。家庭で不用になった古本を持ち寄るもよし。ブックスタンドを立てて、定期購読している業界誌を並べておくのもラインナップが変化していいですね。

「へえ、あなた今こんな本読んでいるんだ」

「そのジャンルなら、もっとオススメの本あるよ」

「あ、その本私も読みました。とっても面白かったですよ～」

本棚の前に立っているだけで、こんな会話のきっかけになります。

オフィスをさまざまなエリアに分けてみる

オフィスの景色に変化を与える。それにより、雑談や会話が起こりやすくなります。

東京・六本木ヒルズのGoogle Japan本社は、社員同士の会話が生まれやすいよう、かつ自分がもっとも生産性が上がるやり方で仕事をしやすいようさまざまな空間を用意しています。通常の執務スペースに加え、ソファやおしゃれなオフィス家具が並ぶ作業スペースがあったり、和室や古民家テイストの打ち合わせ空間があったり、各フロアにカフェがあったり。

そこまで大掛かりなことをしなくても、コミュニケーションの活性化と個人の仕事に集中できる環境は十分デザイン可能です。

フロアを4つのエリアに分けてみましょう。

執務エリア

通常の執務空間。従来通り、パーティションで分けた固定席式でもいいですし、前述のようなフリーアドレスにするのもありでしょう。

コミュニケーションエリア

打ち合わせやちょっとした相談、雑談ができるエリア。風通しをよくするには、密室にせずに大部屋に机や椅子を並べるのがよいでしょう。誰がどんな話をしているのか？　他部署や他チームがどんなことに取り組んでいるのかが分かりやすくなり、雑談を生みやすくするのはもちろん、組織内の知の流通にもなります。壁で仕切られた会議室オンリーでは、なかなかそうはいきません。

景色に変化をつけたいのなら、家具にバリエーションを持たせてみましょう。

・ソファを並べてみる

▼プライベートな相談、カジュアルなアイディア出しをしたいときに便利

・ファミリーレストランのようなテーブル席を設けてみる

▼資料を見せ合ってじっくりディスカッションしたいとき、少し込み入った話（かつあ

まり第三者に詳細を聞かれたくない話）をしたいときに便利

・L字型のソファやベンチコーナーを設置する

▼大人数でくだけた打ち合わせをするときに重宝

できればホワイトボードや小型のフリップチャート、付箋なども設置しておきたいもの。なにげない会話のメモをその場でささっと書ける。雑談から生まれたアイディアを流してしまわない効果があります。

一見くだらない雑談でも文字や図にして「見える化」することで、そこに第三者の意見が加わって立派なアイディアや解決策に変化することはあります。「見える化」と「言える化」の相乗効果。やがて皆雑談に価値を見出し、積極的に会話するように。コミュニケーションが活発な組織風土はこうして育まれます。

リラックスエリア

疲れたとき、煮詰まったときに一息つけるエリア。旧来は喫煙所がその役割を担っていましたが、喫煙者の減少と社会的な要請からも非喫煙者もリフレッシュできるコーナーを考える必要があります。

・ソファを置く
・リクライニングチェアやマッサージチェアを置く
・バーカウンターのようなコーナーにしてみる
・思い切って畳敷きにしてみる（冬はコタツを置く？）

さまざまな工夫が考えられます。

集中エリア

そうはいっても雑談してばかりでは仕事が捗らない。話しかけられたくないときもある。すべてオープンだと落ち着かない。

オフィスをオープンにする場合、それ以上に個人作業に集中できる環境づくりも重要です。

・個室スペースを設ける
・パーティションで区切られたブースを設ける

・Web会議／電話会議ができるボックスを設ける

最近では、テントやハンモックを置いているオフィスやコワーキングスペースも出はじめました。執筆作業やコーディングなど、周囲から遮断されたテントの中は意外と捗ります。他人に声をかけられる心配もナシ。ハンモックの揺れが、頭を活性化させてくれて新たなアイディアが浮かびやすいことも（ただし、落っこちないように注意）。

コミュニケーション活性空間と、作業集中空間の両立。生産性の高い職場づくりです。

私たちオフィスワーカーは長らく9時～17時固定席にかじりついて仕事をするスタイルに、会議室に集まって打ち合わせをするスタイルに縛られてきました。

しかし、個人の思考や仕事の種類によって、生産性が高い仕事のやり方は異なります。同じ人でも、アイディア出しは誰かと会話しながらのほうが捗る、事務作業は個室でやったほうが捗る、など「勝ちパターン」は異なるでしょう。また、適度なリラックスや仲間との雑談によってその後の仕事の生産性が大きく上がることも。

生産性とは、個人がそれぞれの仕事のやり方の「勝ちパターン」を認識し、それをいかに実践できるかにかかっているといっても過言ではありません。

気軽にリラックスできる。気軽に雑談できる。一方で、仕事に集中したいときにはとことん集中できる。その環境構築こそ、個人と組織の生産性を向上させる肝と言えるでしょう。

ともすれば画一的で無機質になりがちなオフィスの景色。ちょっとした工夫や動線の変化で、コミュニケーション豊かかつ生産性が高い空間に変えることができます。

環境を整えた。以上……では、残念ながらなかなかコミュニケーションは活性化しません。

よっぽど話し好き、ワイガヤ好きなメンタリティの人を集めたならまだしも、そこまでじゃない人を集めて「どうだこのオフィス環境は、コミュニケーションしやすいだろう。さあ、どんどん会話して!」と煽ったところで自発的な会話は期待できません。部内のコミュニケーションを増やそうと、フリーアドレスに変えてみた。しかし、皆いつも決まった席にしか座らず、会話も一切ナシ。こんな残念な職場を私は複数見てきています。オシャレで明るいオープンオフィス。しかし皆シーンとしていて会話がない。これ、なかなか不気味な光景。見ていて切ないですよ。

会話や雑談が生まれやすいようにするためには、環境プラスαの仕掛けも大事。ここでは、そのプラスαの事例を紹介します。

勉強会をやる

定期的に、あるいは不定期に社内（部内）勉強会を開催してみましょう。

・経理や貿易実務に関する勉強会
・技術に関する勉強会
・お金に関する勉強会（ライフプランニング）
・社内英会話講座
・最新のトレンド（例：ＩｏＴ、ロボット技術）についての勉強会

若手社員の有志を募り、自分たちの興味のあるテーマの勉強会を自由に開催させる「若手塾」のような取り組みをしている企業もあります。会社が予算をつけて書籍の購入を許可したり、外部の専門家を呼んで講演してもらうこともあるそう。

「自分たちの関心のあるテーマの勉強ができる」
「会社のお金を使って、会いたかった社外の著名人を呼ぶことができる」

「自部署に同世代の若手社員がいなくて寂しい。勉強会の企画は、他部署の同世代の人たちと一緒にやれるのが嬉しい」

こんなポジティブな反響があります。

勉強会は業務時間内にやれたらベスト。それだと参加しにくい（あるいは業務への影響が大きい）のであれば、業務外のテーマ（趣味や自己研鑽《けんさん》）であれば業務時間外、業務に直結するテーマであれば業務時間内に行うなど一定のルールを決めておくとよいでしょう。

私は会社員をしていたころ、昼休みに部内英会話講座を開催していたことがあります。英語は多くの人の共通の関心ですし、昼休みなら業務への支障もありません。お弁当を持ち寄ってワイワイ雑談。その後、テーマを決めて英語で会話をしてみる。表現を学び合う。勝手知ったる社内の仲間なので、失敗しても恥ずかしくない。かつ勉強会なので、上司も取り組みに対して好意的でした。

事例発表会をやる

社内の業務の取り組みを発表してみる。知識交流と業務に関連した雑談の活性に寄与します。

・プロジェクト終了後にノウハウを共有する
・新製品の開発秘話を開発者が語る
・過去の失敗談、そこからの学びを共有する
・新しい技術の研究発表を行う
・転職者に前職での取り組みを話してもらう（ただし、秘匿情報には注意）

「ここでしか聞けない話」「社員（含む派遣社員、外部社員）ならではの話」を盛り込むのがポイント。話のプレミアム感が増します。それが所属する組織や仲間への愛着向上につながります。

通常、このような講演会や発表会はクローズドな講堂や会議室で行うでしょう。ここは

一つ、オープンなコミュニケーションエリア（前項参照）でやってみてください。通りすがりの人が引き寄せられて、人と知識と触れることができます。

事例発表会を行うことで、社員は人を知る、さらに知識のありかを知ることができます。

「へえ、あなたこんな取り組みをしていたんだ」

「海外プロジェクトで困ったら、この人に聞こう」

これがコミュニケーションのとっかかりになります。そこで聴衆が得た知識は、そのときすぐに役に立たないかもしれません。しかし、ある日突然……、

「困った！……あ、そういえばあのとき隣の部のあの人が似たようなプロジェクトの取り組みを発表していたな。聞いてみよう！」

このようにあなたの脳内に、あの日、あのときの発表会や雑談のシーンが蘇り、助けを

求めることができます。困ったときに、ささっとつながることができる。この長期的な効果は見逃せません。

読書会を開催する

社内で読書会を開催している会社もあります。

・月に1冊、課題図書を決めて参加者全員が事前に読む。昼休みや定時後に集まって感想を共有する／議論する
・週に1回、参加メンバーで集まってそのとき読んでいる本の感想を共有する

本は人となりを知るよいツールです。相手が何を読んでいるかを知るだけで、その人に親近感が湧いたり、また会話のきっかけも見つけやすくなります。同じ本を読んでいれば、それだけで共通のネタがありますから会話も弾みます。

できれば、新入社員も主任も課長も部長も派遣社員も、職位を超えたメンバーでやってみてください。フラットなコミュニケーションの機会になりますし、互いの価値観の違いや共通点の理解が進みます。なにより、組織内の学びの促進になります。

そうそう、こんなユニークな読書会をやっている人たちも。

・同じ1冊の本。章ごとに読む担当を決め、読書会ではそれぞれの章の要約（サマリー）を共有し合う

複数人での分担読書。こうすれば、短時間で1冊の本を概要レベルで読むことができます。分厚い専門書など、一人で読破するのに難儀する書物を効率よく読む、なおかつメンバー同士の連携も生まれる面白い取り組みですね。

「思い」や「アイディア」を書き出して貼り出す

社員個人個人の思いや希望。日ごろモヤモヤ思っている悩み事や改善提案。創意工夫やアイディア。

大きめの付箋や短冊に書いて、貼り出してみてはいかがでしょうか？　雑談のよいきっかけになります。

全員が全員、本音を書いてくれないかもしれません。あるいは、10人中3人しか書いてくれないかもしれません。それでも結構。職場の景色に何かしら変化が生まれるでしょう。

「実は俺も同じこと思っていたんだ。俺だけじゃなかったんだ！　ちょっとお茶飲みながらハナシしない？」
「○○さん、セキュリティスペシャリスト目指していたんだ。尊敬するわ」
「税理士目指して勉強しているんだって？　なら、経理関係の仕事をお願いしたいんだけれど……」

こうした前向きな雑談が起こるようになります。

前述の株式会社Ｅｙｅｓ，ＪＡＰＡＮ（本社：福島県会津若松市）では、社長のオフィスの扉に「アルバイト仕事リスト」なる一覧表が貼り出されています。

「勉強会の感想を投稿するアプリがほしい」

「具体化してほしい」アイディアメモを貼り出す

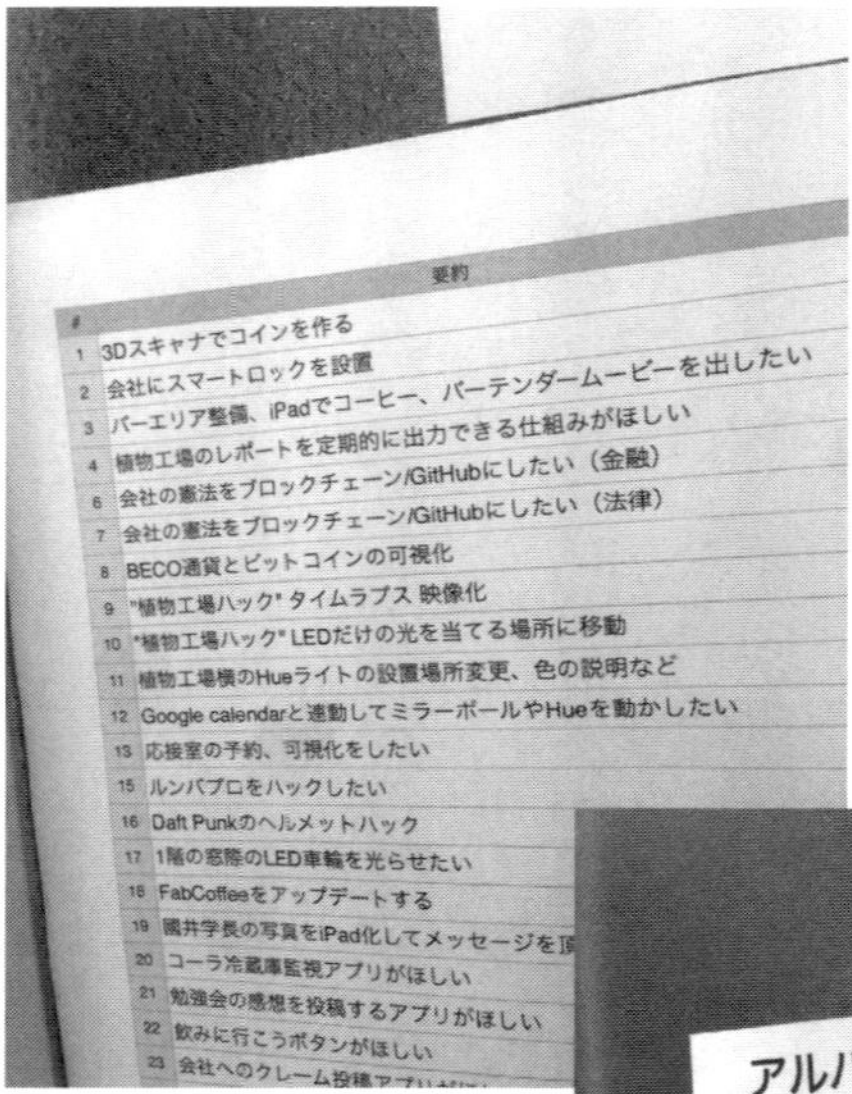

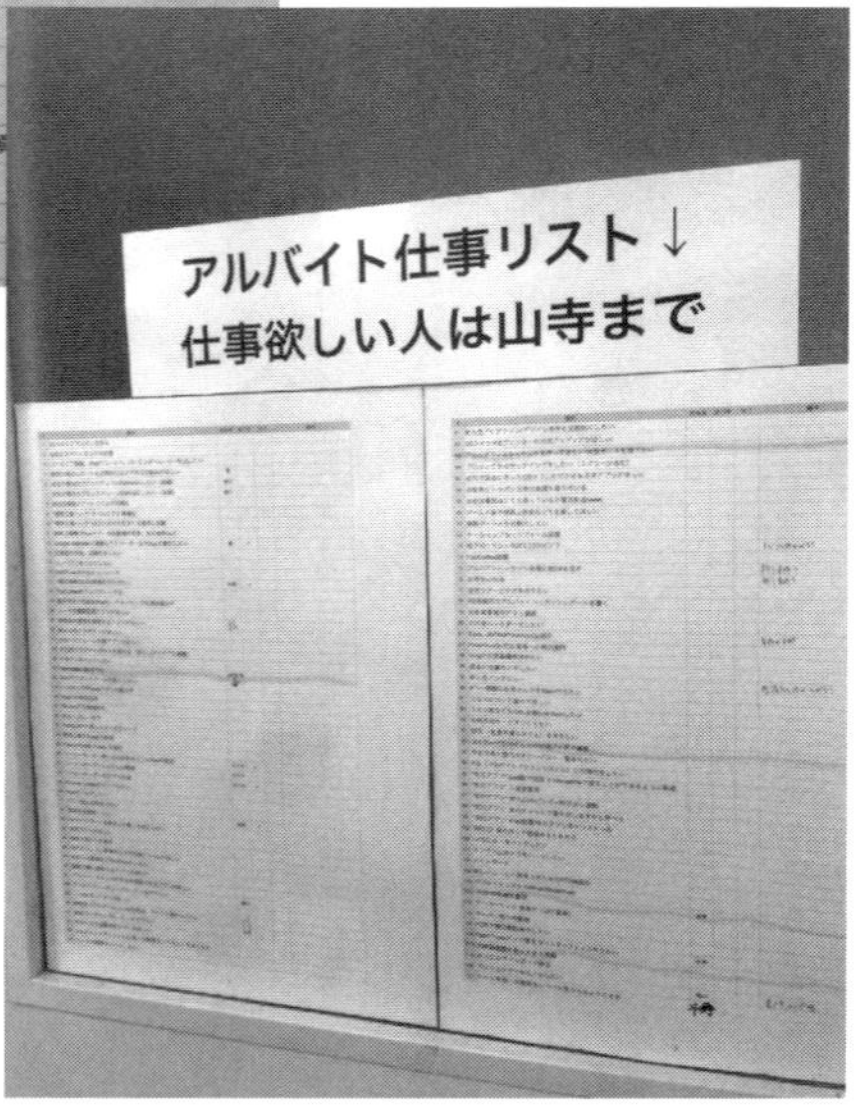

「応接室の予約、可視化をしたい」
「コーラ冷蔵庫監視アプリがほしい」
「会社の憲法をブロックチェーン／GitHubにしたい」

これらはすべて、社長の山寺氏が「いつかやりたいけれど、自分ではやる時間がなくてなかなか手がつけられない」と思っているアイディア（つぶやき）集。

アルバイトスタッフはこのリストを見て、「チャレンジしてみたい」「面白そう」と思ったものは手を上げてチャレンジすることができます。

同社はITシステムの開発や運用を生業とする会社。アルバイトスタッフにも、技術的な好奇心を満たすチャレンジをする機会を与え、かつ社長のやりたいことも風化させず実現できる。一石二鳥の仕掛けです。

ランチを一緒にとる／ティータイムを設ける

「衣・食・住」は雑談ネタの鉄板。どうせ食べる昼食。ならばチームメンバーで一緒に食事しましょう。お弁当を持ち寄って、空き会議室で食べるのもいいでしょう。社員食堂や外の飲食店よりもゆっくりでき、かつ「ここだけの話」もしやすくなります。

毎日（あるいは毎週）決まった時間にティータイムを設けて、みんなで息抜きするのもありです。お菓子をつまみながら、リラックスのひととき。

「このクッキー、名古屋では餡子味も売られているんですよ」

こんなよもやま話から、

「いまどんな仕事しているの？」

「あのプロジェクト、どうしようか？」

など業務に関連するハナシまで、気軽に雑談・相談しやすくなります。

ランチに社外のゲストを呼ぶ

そうは言っても、毎日決まった顔ぶれではマンネリになり雑談のネタも尽きてくるもの。ここは一つ、社外のゲストを呼んでみてはいかがでしょうか？

渋谷のあるＩＴベンチャー企業では、社員食堂に毎月外部の専門家を呼んでランチ会を行っています。知的好奇心旺盛な社員に大変好評とのこと。

社外の人を呼ぶことで、社員は新たな知識や刺激を得ることができます。特にエンジニアは社内に閉じ込めておいては、価値がどんどん下がってしまいます。外の専門家に触れ、新たなトレンドや技術を知り、意見交換して、そして新たな技術にチャレンジする。時に、外のエンジニアとつながってトライ＆エラーをする。そうして成長します。

また、社外の人に感想やコメントをもらうことで、自分たちがどう見られているか？客観視することができます。自分たちの価値。それは相手が決めるもの。そのためには、相手を決めてもらう機会を主体的につくり出すことが大事です。

社員を井の中の蛙にしてはいけません。

皆で体操してみる

オフィスで体を動かしてみる。

その効果は健康管理だけではありません。景色を変え、会話や雑談を生むよいきっかけづくりになります。

・朝礼時、ラジオ体操をやってみる
・昼休み明けに、ストレッチ体操をやってみる

そうすると、

「ヤバい、昨日飲み過ぎたから動きがカタい……」

「部長、肩の動きがイイですね！」


などカジュアルな会話がポツリ、ポツリ。

ただ音楽を流しただけでは、誰もやらないかもしれません。当番制にして、皆の前で体操する人を決める。よっぽど冷淡な組織でない限り、仲間の一人が前に立って声がけして頑張っていれば、皆一緒に体を動かすようになります。そうはいっても、当番制だと「やらされ感」になってしまう。気恥ずかしくて、人前で動きたくない人もいる。そんなときは、外注をするのも手です。

「みんなで運動」を取り入れる会社、増えてます

私が以前勤務していたNTTデータ（ネットワークソリューション事業部）では、スポーツトレーナーの派遣サービスを利用していました。毎週水曜日、15時過ぎになるとウェアを着たトレーナーがオフィスに入ってきて10分程度、社員の前で体操をしてくれます。外の人だと空気も変わり、皆しっかりやろうと思うもの。体操の参加率は高かったです。「今月は肩を伸ばす動き」「冬は体が硬くなりがちなので、腰をやわらかくする運動を」など、毎回テーマも動きも異なっていたためマンネリになりませんでした。

オフィスで飲む

終業後のオフィスでお酒を飲む。これを許容する職場も増えてきました。

休憩室や応接室を開放して、缶ビールとつまみで一杯。仕事が終わった後に気軽に寄って、気軽に帰ることができます。外で飲むとなると、わざわざ出かけなければいけないですし、お金もかかります。ちょっと一杯やるだけで、3000～4000円の出費。若手にとっては痛手です。金曜の夜などは空いているお店を探すだけでも一苦労。また、ついつい長居してしまって翌日の仕事に影響を及ぼすことも。

同じオフィスの中なら、そうした余計な心配無用。社外では話しにくい業務上の相談も気兼ねなくすることができます。

オフィスでの飲みを許容する。

飲みニケーションのハードルを下げ、フランクなコミュニケーションの機会を増やしてくれます。

社内SNSやSlackを導入する

対面での対話ばかりがコミュニケーションではありません。

非対面のほうが、言いたいことを言える。自分の気持ちを適切に表現できる。そういう人も少なくありません。デジタルネイティブ世代が増えるこれからの時代、むしろ非対面のコミュニケーションが得意な人のほうが増えるかもしれません。

社内SNSやチャット、Slackなどのデジタルコミュニケーションツールも積極的に取り入れましょう。

私もNTTデータでIT運用チームのマネージャーをしていたとき、チャットを大いに活用していました。普段なかなか自分から話してくれないけれど、チャットでは雑談したり、困り事を気軽に相談してくれたり、意見や提案をしてくれるメンバーもいました。

私「最近残業続きだったし、たまには早く帰りなよ。あとは大丈夫だからさ」

メンバー「そうですね。実は気になっていた映画があって、観たいなって思っていたんです」

私「いいね！　今日なら映画館も空いていそうだし、行ってきなよ。明日感想聞かせてね！」

メンバー「はい。ありがとうございます。では、今日は定時で上がります！」

皆の前ではなかなか（わざわざ）しにくいカジュアルな話も、1対1のチャットだと言いやすくなる場合もあります。

こんな話もあります。

IT企業の話。

あるシステム開発のプロジェクトが失敗しました。失敗を分析するため、調査チームはプロジェクトの各工程（要件定義工程、設計工程、開発工程など）の資料を調べます。ところが、どの資料からも失敗の兆しは読み取れない。次の工程に進む判断をするための、社内会議の資料はいずれの項目も「緑（＝先に進んでよし）」判定。いったい、なぜ失敗したのか？　ほかにヒントはないものかと、開発メンバーが日常のコミュニケーションに利用するSlackのログを見てみました。すると……、

「えっ、この項目が緑判定なの!?　どこをどうしたらそういう判断になるのか。あり得ない……」

「その性能設計では、リリースしてから絶対火を噴く。マジやばいでしょ」

「正直、運用でカバーしきれる気がしない。要件定義しなおしたほうがイイって」

出るわ出るわ。現場の担当者の本音の数々。

誰もプロジェクトマネージャーには本音を言わない。会議や公式の資料では、誰も警笛を鳴らさない。Slackのほうが本音を言いやすい環境だったのです。

コミュニケーションは手を替え、品を替え、景色を変えが大事。一つの方法がうまくい

くとは限りません。アナログがダメならデジタルを使ってみる。堅苦しいやり方だとイマイチならば、やわらかい方法を試してみる。そのくらいの柔軟性がないとうまくいきません。

そうは言っても、新しいデジタルツールはなかなか浸透しない。ポイントは次の4つです。

・トップが率先して使う
・オフのコミュニケーションをよしとする（例：社内ＳＮＳであれば「旅好きのコミュニティ」「サッカーファン」「ラーメン愛好会」など、趣味のグループを立ててよいとする、など）
・日常の業務のコミュニケーション手段として使う（例：Slackをプロジェクトメンバーの公式コミュニケーションツールにする。各部門への問い合わせや提案は、社内ＳＮＳでのみ受け付ける）
・すべての情報を全社員に公開しない。必要に応じて、情報の公開範囲を定められるようにする

社内報

社内報は古くて新しい社内コミュニケーション媒体、かつ社内の雑談ネタ提供ツールです。

社長や経営のメッセージを社員に伝える、製品情報を伝える、決算発表などの経営状況を伝える、会社の歴史を伝える、社内のよい取り組みを伝える、活躍している社員にスポットを当てる。媒体も紙のみならず、Ｗｅｂ（イントラネット）を使ったりと手段も多様化しています。

最近、社内報を見直す動きが高まってきました。

「社内報をつくれと社長に言われて、新たに立ち上げようとしています」
「いままでの社内報を、リニューアルするつもりです」

広報部門や経営企画部門の方々からのこうしたご相談が増えています。社内コミュニケーションの活性に力を入れる企業が増えている証拠です。

社内報は、休み時間（あるいは業務時間でも）に職場で堂々と広げて気軽に読むことができます。記事をネタに、近くの席の上司、同僚、部下と雑談しやすくなります。社内報は家族とのコミュニケーションツールにもなります。自分が働いている職場のことを家族に知ってもらう。自分の仕事を家族に説明する。そんな使い方を考慮して、あえて社内報はＷｅｂ媒体にせずに紙媒体にこだわる企業（かつ「社外秘」扱いにしない）もあります（Panasonicなど、紙の社内報を復活させた企業も）。

一般的に、人に関する記事はよく読まれます。

・社員紹介記事（写真やプロフィールつきだとより効果的）
・インタビュー記事（役員と社員の対談、開発者のエピソード、役職者の昔話など）
・人事異動情報
・外部の人が登場する記事（お客様インタビュー、外部の専門家による自社に対するコメント記事）

やはり人は人に興味を持つ生き物のようです。
社員紹介記事などは、可能であればＷｅｂ（イントラネット）にも掲載しておくといいでしょう。日常業務でも重宝されます。

「今度、法務部の○○さんって人と打ち合わせするんだけれどどんな人だろう」

顔とバックグラウンド（専門領域、趣味など）を事前に知っておくだけで、最初の顔合わせがスムーズになります。ちょっとした雑談もしやすくなります。

社外で業務合宿をやる

たまには皆で社外に出かけてみる。
空気が変わり、雑談しやすくし、相互理解を深めるよいきっかけになります。

さりとて、社員旅行をやるとなるとハードルが高い。

「なぜプライベートな時間を、会社の人たちと強制されて過ごさなければいけないんですか？」

「それって、業務扱いですよね？」

「忙しいのに、のんびり旅行とか勘弁してください」

こんなネガティブな反応・抵抗も想定されます。

こうしてみてはいかがでしょう？

・上期の振り返り会を、山の中のホテルの会議室を借りて行う
・課題解決の検討会を、海のそばの研修センターで行う
・来期の業務計画を、リゾートホテルに籠って行う

いわゆる業務合宿。普段とは違う景色で、雑談はもとより、新しいアイディアも生まれやすくなります。ほかの会議に呼び出されたりせず、集中できるのも大きなメリットです。

遠出や泊まりがけが厳しければ……

・近くのカフェで打ち合わせしてみる

これだけでも気分が変わり、雑談もしやすくなります。

いつもの景色、たまには変えてみませんか？

カジュアルウェアOKにする

ネクタイ&スーツを捨ててみる。制服をやめてみる。

カジュアルウェア、あるいはビジネスカジュアルでの出社をよしとする。これもカジュアルなコミュニケーション活性の助けになります（「衣・食・住」は鉄板の雑談ネタツール）。

最近はクールビズ、ウォームビズなど地球環境を考慮してカジュアルウェアOKとする会社も増えてきました。時代の潮流に乗っかって、カジュアルにしてしまいましょう。

カジュアルスタイルが定着すると、逆に誰かがスーツを着てくるとそれがネタになったりします。

「○○さん、スーツ姿似合うね」
「ネクタイ、かっこいい！」

など。

オールシーズンは憚られる。であれば、たとえば毎週金曜日をカジュアルフライデーとするなど限定的に取り組んでみてはいかがでしょう。
それだけでも、わざわざ帰宅して着替えることなく職場からそのまま旅行できるようになり、プライベートの充実にもつながると社員からの評判はいいです。

さて、いままで見てきたコミュニケーション活性のための取り組み。
大事なポイントが１つあります。

それは、旗を振る人、運営する人を決めておく必要があるということです。

旗振り役／運営担当者を決める

いずれの取り組みも、環境を整えてハイおしまい、提案すればナントカなるものではありません。誰かが意思を持って推進しないと定着しない。すなわち、運用こそが大事。

社内コミュニケーションの活性化と運営。担当部署や担当者を決めて、業務としてしっかり回しましょう。

一般的には、広報部門や総務部門が運営するケースが多いようですがその限りではありません。

・部門横断型の組織体で行う（各部署から代表者を選出）
・若手社員たちが行う（有志もしくは選抜）
・部署持ち回りで行う（今年は設計部門、来年は営業部門など）

いずれのケースにおいても、マンネリ化および形骸化させないためには次のような工夫が重要です。

・メンバーを適度に入れ替える

コミュニケーション活性活動や風土改革活動は、推進メンバーのモチベーションや鮮度が命。

メンバーが固定化すると、どうしても新しいアイディアが生まれにくかったり、惰性のやらされ感になったりします。

また、この手の推進活動／運営活動には得手・不得手もあります。業務とはいえ、苦手な人がずっと任されつづけるのは本人にとっても組織にとってもアンハッピー。

適度にジョブローテーションしましょう。

・外部の人を入れてみる

オフィスレイアウトのデザイン、勉強会の運営、社内報の企画運営、イントラネットのリニューアルと運営など、社外の専門家のチカラも借りてみましょう。

自分たちでやろうとするのも大事ですが、アイディアにも能力にも限界があります。また、その道の専門家の意見や知識を吸収できることは社員の成長にもなり、意欲ある社員のモチベーションアップにもつながります。

社内コミュニケーションの活性。運営する人が、「やらされ感」「閉塞感」いっぱいでモチベーションを下げてしまっては元も子もありません！

手を替え、品を替え、景色を変えでフレッシュさを維持向上させるようマネジメントしましょう。

01、02は組織ぐるみ、チーム単位の取り組み。しかし、組織ぐるみでやるとなると判断も要しますし、時間もかかります。

最後に、個人レベルでいますぐできる取り組みを見てみましょう。ちょっとした工夫が、雑談を生むきっかけをつくります。

机にクッキーを置いておく

いつものあなたの机の上。クッキーを缶ごと置いてみてはいかがでしょう？　蓋には次の文を書いた付箋を貼ります。

「おなかが減った人、ご自由につまんでください」

それだけで、やがて人が一人、また一人と集まるようになります。

私は転職した当初、あるいは新しい職場に異動した当初はいつもこれをやっていました。周りの人たちを早く知りたいし、自分のことも知ってもらいたいからです。

冬にお勧めなのが、イケアで売られているジンジャークッキー。大きくて量がありますし、缶もクリスマスカラーで季節感があって楽しい雰囲気。置いておくだけで、机の上が明るくなります。

私に用事があって声をかけてくる人がいれば、缶の蓋をさっと開けて「まあ、1枚どうぞ」。これだけで雰囲気が和らぎ、雑談から会話が始まります。

残業時間が近づくと、特に私に用がないのに他チームの人や役職者がぱらぱらやってきます。

「小腹が減ったー」

「このクッキー、どこで売っているの？　クリスマスっぽくてイイね」

クッキーを肴にミニトークが始まります。さすがに黙ってクッキーだけ取って去って行

お菓子の周りには人が集まる

く人はいません。

「いまどんなことやっているんですか～？」

「沢渡さんって、そういえば自動車会社にいらしたんですよね。実はお聞きしたいことが……」

こんなキャッチボールが必ず生まれます。中には「いつもごちそうさまです」と言って、お菓子や缶コーヒーを持ってきてくれる人も。お互いの距離が近くなる瞬間です。

旅先で珍しいクッキーを見つけたら、買って帰って自席に持ち込みます。通常、お土産は回覧したり、皆が通りがかるオープンスペースに置いてそのままにする場合が多いでしょう。

ここはあえて、自分の机の上に置きます。

そして、部内全員宛にこんなメールを一本出します。

「抹茶のクッキーを買ってきました。おなかが減った人、リフレッシュしたい人は沢渡の席までどうぞ！」

回をこなすと、メールを発信した瞬間すぐ駆け寄ってくる常連さんも。一人で来る勇気がない（？）人は、2～3人で徒党を組んでやってきたり。集まる人が増えれば、それだけ会話も盛り上がります。

たかだかクッキー一つで、あなたのもとに人が集まるように。あなたの席が井戸端に。徐々に職場の空気も変わってきますよ。

自己紹介ボードを置く

あなたの人となりを書いたホワイトボードやネームプレート。自席に立てかけてみませんか？

・今取り組んでいる仕事
・今困っていること

・今、興味をもっていること

など。

沢渡　あまね
全社働き方改革プロジェクト、旗振り中！
最近ダム巡りにハマっています。いいダムあったら教えてください。休日に逃亡したい……

この程度の短いメッセージで構いません。
飲食店や不動産屋など、写真つきでスタッフのプロフィールを掲げてあるお店があります。そうすると、お客さんから会話のきっかけをつくってくれます。

「マリンスポーツやられているんですか？　実は私も最近始めまして……」
「ツーリングがお好きなんですってね。どんなバイクに乗られているんですか？」
「〇〇さん、こんなにガタイがいいのに、スイーツお好きなんですね！　意外！」

自分から営業しなくても、相手が雑談をとっかかりに話をする機会をつくってくれる。お互いハッピーですね。

予定連絡メールや日報にあなたらしい一言を添える

「沢渡です。明日は終日大阪出張で不在です」
「本日はフレックスで16時で退社します」
「羽賀です。本日の作業内容を報告いたします」

部内、チーム内の人に送る予定連絡メールや日時の業務報告（いわゆる日報）。これらの定型化したコミュニケーションに一味加えてみましょう。

文末に一行、あなたらしい一言、ちょっとしたよもやま話、業務やプライベートに役立つヒント、添えてみませんか？

「沢渡です。明日は終日大阪出張で不在です。ところで、駅前のラーメン屋さん、明日から冷やし中華始めるみたいですよ」

「本日はフレックスで16時で退社します。※最近チーズに凝っています。おススメのチーズあったら教えてください」

「羽賀です。本日の作業内容を報告いたします（添付）。以下、フリー画像を集めたサイト見つけました。パワポ資料づくりに使えそうです。ご参考まで」

この手の連絡は、必ず行うルーチン化されたコミュニケーション。すなわち、「どうせやる」対話です。

「わざわざ」雑談するのは気が引ける。でも、周りの人と会話したいし、自分のことを知ってもらいたい。ならば、ルーチン化されたコミュニケーションに「ついでに」ビルトインしてしまいましょう。

「わざわざ」を「ついでに」に持っていく。業務効率化の基本でもあります。

チャットやメッセンジャーのプロフィール欄に一言書く

デジタルツールもフル活用しましょう。

チャットやメッセンジャー。チームメンバー同士のオンラインの会話に使ったり、相手の在席状況を確認するのに利用する企業も増えてきました。

この手のツール、自分のプロフィールを記入する欄があります（意外と知られていない）。

この欄を活用しない手はありません。プライベートなメッセージ、仕事に関するメッセージ。一言書いてみましょう。

「品川のオクトーバーフェス、一緒に行く人募集！」

「どなたか袋井事業所の知り合いいませんか？　相談したいことがあって困っています……」

「ExcelのＶＢＡと格闘中。詳しい人お声がけよろしくです」

これらの一言プロフィール、利用者が（そのツールのつくりや設定にもよりますが）チャットやメッセンジャーを立ち上げるたびに目につきます。

その結果、

「メッセンジャーで見たんだけどさ……」

こんな感じで、誰かが声をかけてくれることがよくあります。これもルーチン化されたコミュニケーションの活用事例です。

身に着けているものを変化させる

「衣・食・住」は雑談の鉄板ネタ。ここでは衣に注目。

あなたが身に着けているもの、少し変化させてみませんか？

・時計をいつものものと替えてみる
・ネクタイを替えてみる
・リストバンドをしてみる
・ノートパソコンの蓋にステッカーを貼ってみる

相手に「突っ込んだら負けだ！」と思わせるような奇抜すぎる衣装はアレですが、ちょっとした変化は雑談のよいツカミに。

「その時計、オシャレだね」
「今日のネクタイ、いつもより明るい感じですね！」
「お、沢渡さんkintoneのステッカー貼ってる。サイボウズさんとやりとりあるんですか？」

小さな変化でも気づいてくれる人はいるもの。そこから会話が始まります。
どうせ身に着ける衣服や装飾品。自分から話しかけるのが苦手な人は、ネタをちりばめて雑談のとっかかりにしてみましょう。

（ただし、誰も気づいてくれないとそれはそれで悲しい……）

COLUMN 4

雑談のある
職場は強い!

田辺三菱製薬

フリーアドレスを導入する企業や自治体が増えてきています。

フリーアドレス＝従来の固定席（指定席）制を廃し、共用のデスクで毎日違う場所、異なる座席で仕事をするオフィスの利用形態。オフィススペースの効率的な利用、自分の働き方に合ったスペースの選択の自由、メンバー同士のコミュニケーションの活性化、オフィスのペーパーレス促進などの効果が期待されます。

さまざまなメリットが謳われる一方、ネガティブな声も聞かれます。

「いままでのやり方を変えたくない」「面倒くさそう」「かえってコミュニケーションが悪くなるのではないか」

社員の抵抗感や不安感から、

「わざわざやる必要があるのか？」

このように、フリーアドレス導入に二の足を踏む職場も少なくありません。

田辺三菱製薬株式会社・創薬本部・免疫炎症創薬ユニット（神奈川県横浜市）では、２０１７年５月にフリーアドレスをトライアルで開始しました。従来、各デスクの間に設置されていた間仕切りのパネルを排除し、自由な座席配置を志向。ユニットのメンバー同士のコミュニケーション活性化が狙いです。

「デスクやパソコンを向いて仕事をするのではなく、人に向いて仕事をしてほしい！　というユニット長の思いを実現するために、我々はフリーアドレス制導入に取り組みました。ただ、世の中でも研究職で成功している事例はあまり聞かず、弊社でも初めての試みだったので、導入前は大変不安でした」

免疫炎症創薬ユニット・高橋太一氏はフリーアドレス施行導入の背景をこう語ります。

5つのグループからメンバーを選出。ワーキンググループを組織して、フリーアドレスの施行導入のための検討を重ねます。

ワーキンググループでは、まずユニットの全社員（79名）に対してフリーアドレス導入についての意見照会を行いました。その結果、なんと76名中66名が反対（3名は未回答）。

・誰がどこに座っているか、分からなくなるのでは？
・デスクの荷物を片づけるのが大変だ……
・毎回、荷物を移動させるのは面倒では？
・他人が使ったデスクは嫌だ……

などネガティブな意見が寄せられます。

疑問と要望をヒアリング

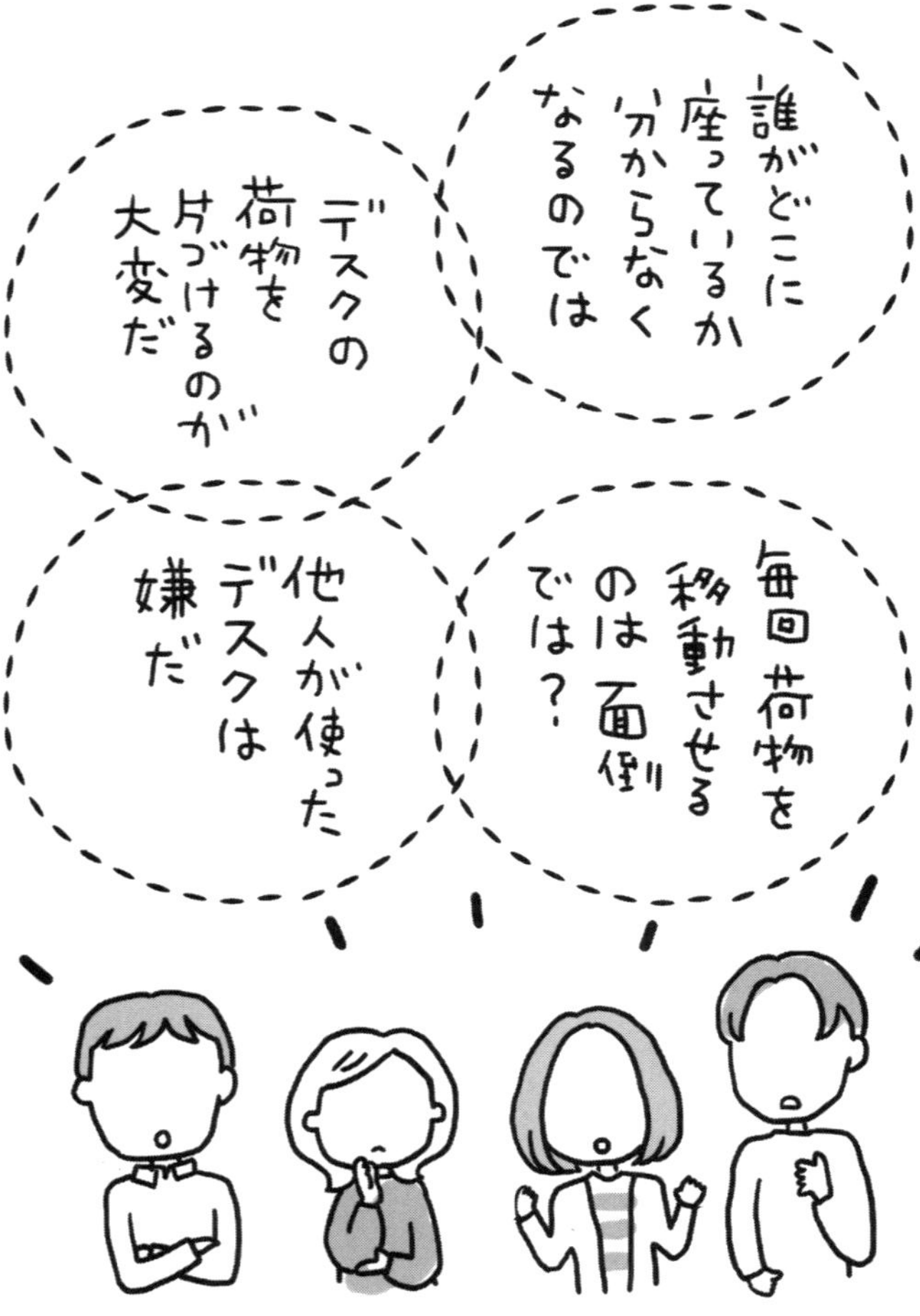

それでもユニット長の「とにかく、やってみよう」という強い意志のもと、ワーキンググループのメンバーは社員の疑問と要望を丁寧にヒアリングし、対策を検討しつつ導入に向けた準備を進めます。

・郵便棚を設け、送付物が確実に宛先に配達されるようにする
・座席表を設置する
・それまでの固定電話（代表電話）に代わって、携帯電話をユニットの全社員に支給する
・個人ロッカーの利用を徹底し、荷物をしまうようにする
・収納カバンを配布。各自の荷物の移動の負担を軽減する
・事務用品を共通化（共用化）する
・デスクの清掃を徹底する

実際に始めてみると、思いのほか反響は好意的でした。

「郵便物の配達や、電話の取次の負担が減った」

「紙資料が減って、整理整頓ができた」
「スペース効率が向上した」

コミュニケーションにも変化が見られます。59人がいままでよりも会話の頻度が増加したと回答。また、他グループのメンバーや管理職、およびユニット長との会話が増えるなどコミュニケーションの範囲も広がっています。

「会話や相談をするキッカケが生まれた」
「職場が明るくなった」
「一体感が生まれてきた」
「誰が何をやっているのか分かるようになった」
「他グループの情報が自然と入るようになった」

実際にやってみることで、思わぬメリットを感じることができたようです。その結果、導入後のアンケートでは賛成69名と大多数の社員がフ

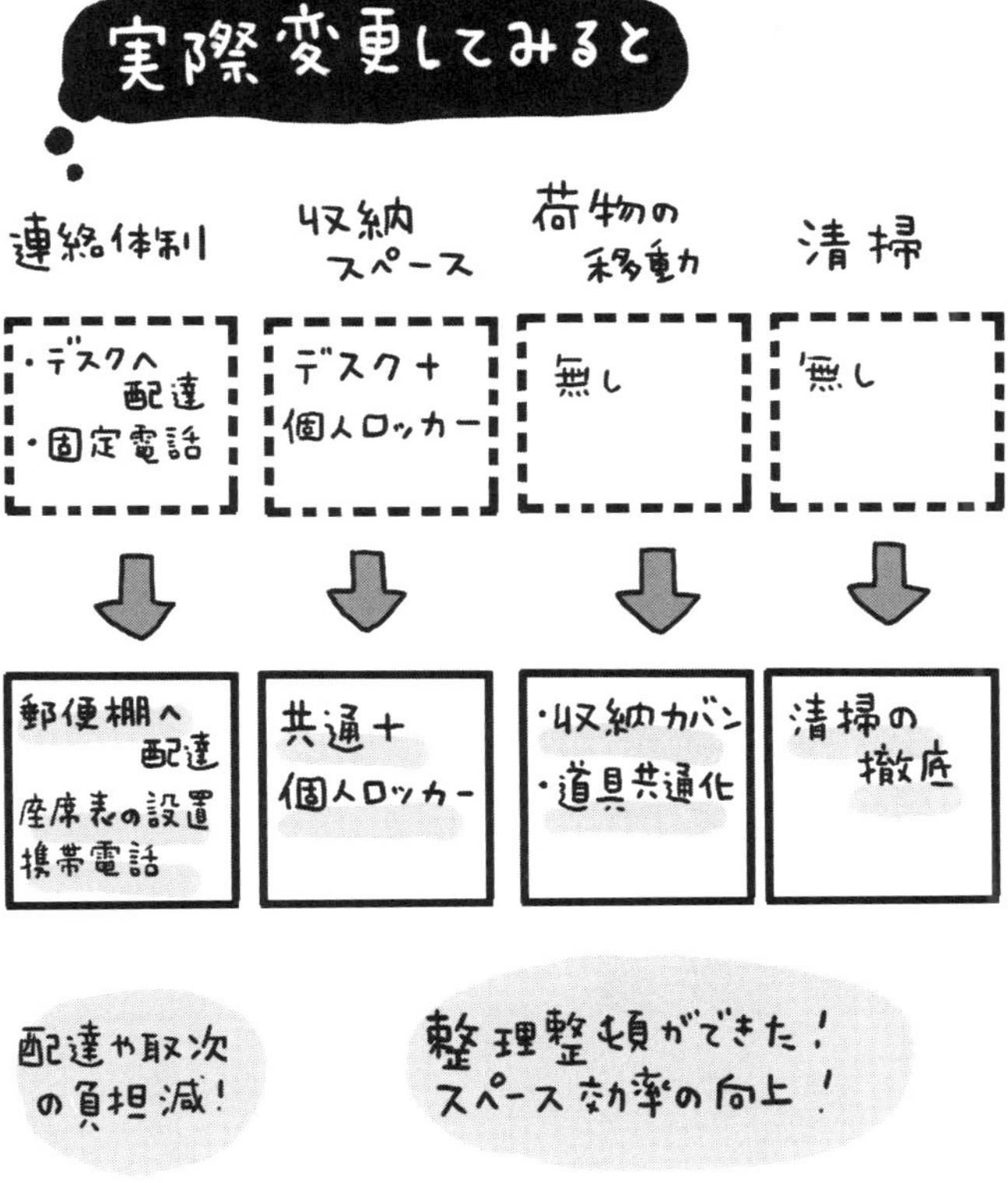
実際変更してみると
連絡体制
収納スペース
荷物の移動
清掃
・デスクへ配達
・固定電話
デスク＋個人ロッカー
無し
無し
郵便棚へ配達
座席表の設置
携帯電話
共通＋個人ロッカー
・収納カバン
・道具共通化
清掃の撤底
配達や取次の負担減！
整理整頓ができた！
スペース効率の向上！

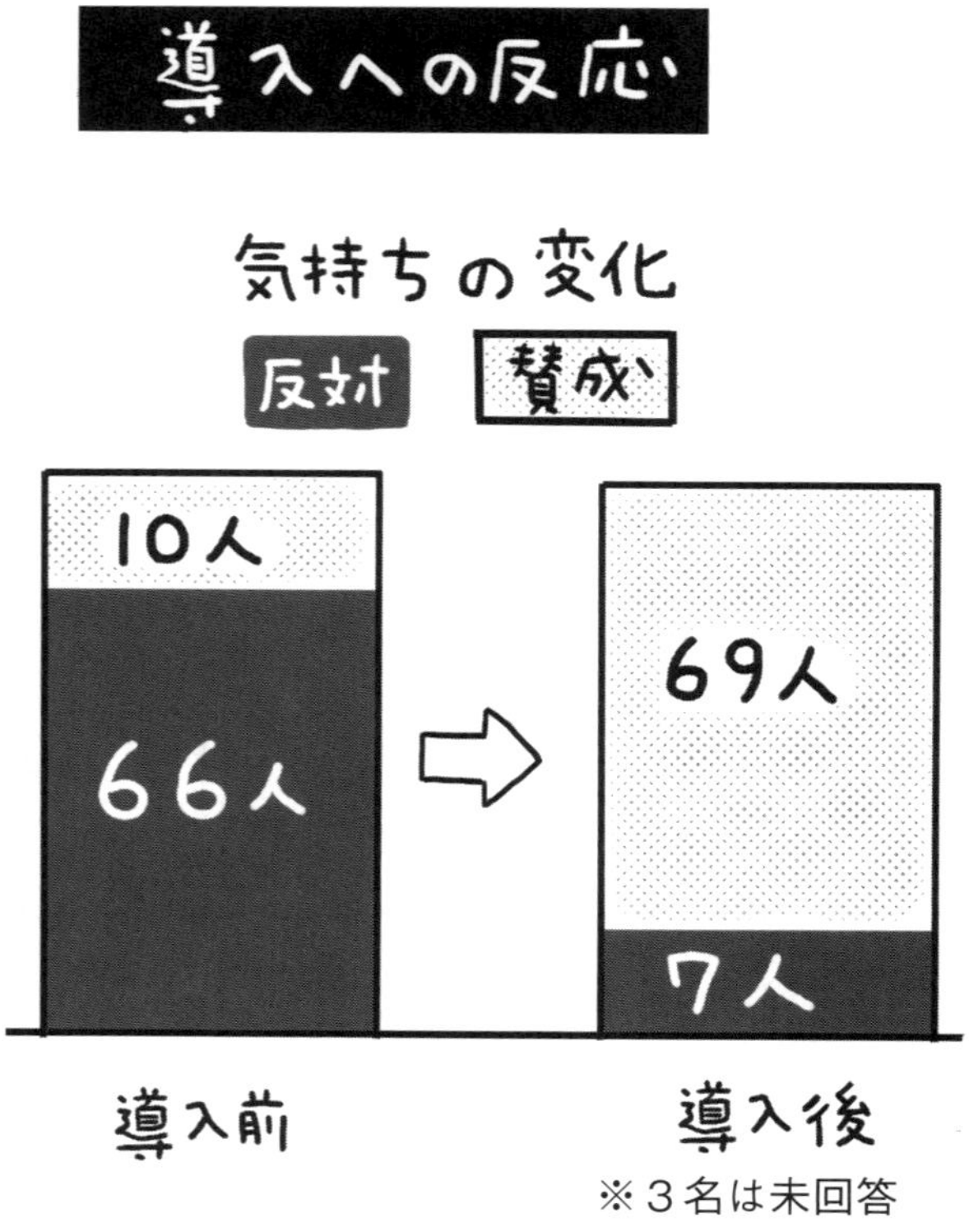
導入への反応
気持ちの変化
反対
賛成
10人
66人
69人
7人
導入前
導入後
※3名は未回答

リーアドレスを支持するようになりました。

免疫炎症創薬ユニットは、フリーアドレス導入の取り組みそのものが組織とメンバーのダイバーシティ（多様性）対応能力向上にもつながると考えています。

【フリーアドレス施行導入の検討を通じて】

・「違う」考えを悪くとらえるのではなく、改善意見として前向きに考えてみる

→反対意見への対応で、よりよいフリーアドレスにつながった

【フリーアドレス施行導入により】

・「違い」との交流から、新たなイノベーションが生まれる

→普段話さない人との会話から、新たな解決策が得られる

・「違い」への対応力を身につける

気付かぬメリットも

新たなチャレンジ
変更することへの恐怖

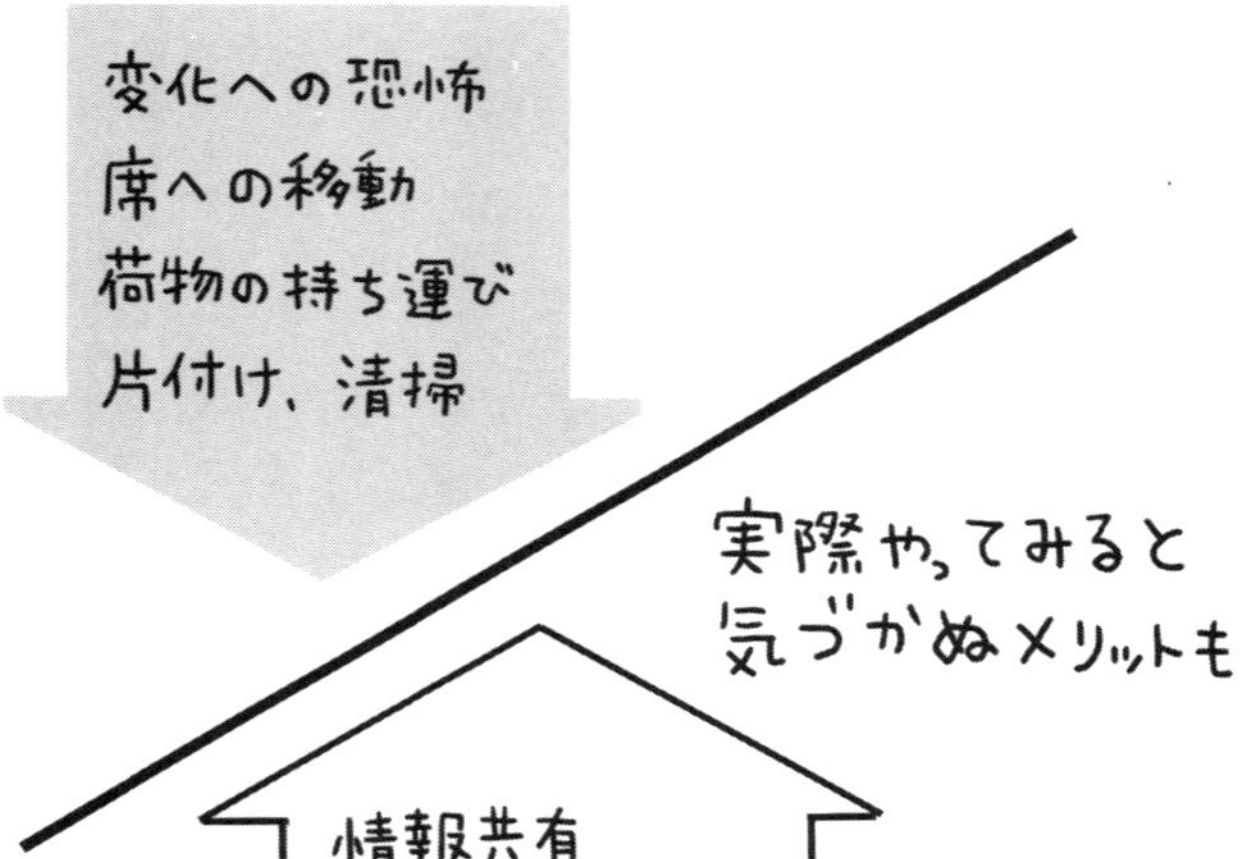

↓毎日が違う環境。柔軟な対応力を養う

「フリーアドレスのメリット・デメリットを考慮すると、メリットのほうが大きく、ユニットに新しい風を吹き込んだと思います。しかしながら、導入を機に働き方を改革する、意識を変える、そして、成果に結びつけていく、など、全体と個々の行動に直結するような変革につながるような施策・仕掛けを継続することが重要だと考えています」

免疫炎症創薬ユニット長、茂木尚氏は今後の思いを言葉に込めます。

「やってみる」「振り返る」

組織の変革を進める上で欠かせない基本動作です。人は誰しも見えない未来を、変化を怖がるもの。その恐怖感が抵抗に変わります。しかし、その多くは杞憂であったりするもの。まずやってみる。そしてメリットを実感する。ただし、やりっぱなしにしない。しっかり振り返って、改善する。このトライ&エラーこそが、組織と人を着実に成長させます。

第5章

雑談の仕掛け事例、集めてみた

いよいよ最終章。最後に、実際に日本企業の現場の管理職やリーダーがやっている、雑談を生まれやすくするための取り組み。そのリアルな声を聞いてみましょう。

ケース1

小さなホワイトボードを部署内に設置。メンバーが思ったことや感じたこと、共有したい情報などを書き込みます。たまに絵が描いてあったり、クイズが書いてあったり。ホワイトボードに書かれたことをキッカケに会話が生まれることがあります。

（介護職　30代　男性）

ホワイトボードの設置は、グッドアイディアです。視覚情報は、雑談や気づき、そして時にアイディアを誘発します。

改善が進んでいる工場では、作業をしていて危険だと感じた「ヒヤリ」「ハット」や対策案が作業員の言葉や写真つきで掲示板に貼り出されていることがあります。書かれた情報を他の作業員が学習しやすいのはもちろん、通りがかりに指差しで話し合ったり、「そういえば私もこんな経験があって……」と関連するノウハウを言い出しやすくします。

「見える化」が「言える化」を生み、チームの結束や知恵の共有を促す。みなさんの職場でも、ホワイトボードを置いてみてはいかがでしょうか？

ケース2

新発売のお菓子や期間限定のものを配るようにしています。雑談が盛り上がりますね。

（社会保険労務士事務所　30代　男性）

時事ネタは雑談の鉄板。とはいえ、なかなか新しいネタを仕入れるのはしんどいし、政治ネタ、芸能ネタ、スポーツネタなどは好みが分かれるところ（ついていけない人が気まずい思いをすることも）。

食べ物（食）もまた雑談の鉄板。とはいえ、毎度同じお菓子ではなかなか会話も生まれにくい。

新発売のお菓子、いま話題の食べ物や飲み物。時事ネタ×食の合わせ技ですね。手軽に飽きのこない雑談を促すことができます。

ケース3

私の勤務先では、飲み物の自動販売機近くに立ち話用のデスクを置いています。自販機前でたまたま会った人と「そういえばあの件って」という会話が発生しています。お菓子などを置いておくと、さらに雑談発生率が高まりそうですね。

リラックスした状態で予想外の人と出会える。かつての喫煙所のような機能を現代のオフィスに実現しようとする取り組みでしょう。

ちなみに座席はフリーアドレスですが、私は自動販売機近くの席に座ることが多いです。飲み物を買いに来た人に気軽に話しかけてもらえることが多いので。

（IT企業　40代　男性）

オフィスにおける動線づくりの具体例。皆が通りがかる場所に一工夫加えるだけで、自然と雑談が発生する環境に変えることができます。お金をかけなくてできるのも魅力。

そして、フリーアドレスの着席戦略も大事。座る場所一つで景色も変わり、情報が自然と集まってくるようになるでしょう。

ケース4

常に飴を持ち歩いていて、誰かに仕事をお願いするとき、ちょっとした質問をするとき、相談を受けるときに相手に渡しています。

（製造業　50代　女性）

出ました、飴ちゃん！

声をかけるとき、声をかけられるときとっさに飴をひょいと手渡す。忙しいからこそ、マジメな話だからこそ、一瞬時間を止めて相手をリラックスさせたり、気持ちを落ちつかせる効果もあります。飴をネタに相手が雑談をしてくれることも。

気の利いた話を自分からするのが苦手。そんな人ほど試してみてはいかがでしょう。そのまま飴をなめながら打ち合わせするのも、気持ちが打ち解けていいかもしれません。

ケース5

事例共有のミーティングのあと、あえて数人ごとでフリーの雑談時間を設けています。「普段は自分も相手も忙しいので聞くのを後回しにしがち。でも、他のメンバーの話を聞いているといろいろ思い浮かぶ」というメンバーの声を受けてつくりました。

特に場を設けなくて雑談できる環境でありたいと思っていたものの、現場の現状を見るとあえてでもつくらなくてはと思いまして。

また、弊社はフリーアドレスなので旅行のお土産の配給は雑談チャンスです。

（社会保険労務士事務所　40代　女性）

やはり、わざわざ時間や場を設けないとなかなか雑談って生まれないもの。それを手を替え、品を替え、景色を変えでナントカするのがマネジメントの本質。

また、フリーアドレスはただ自由席にしただけでは、お互いかえって気を遣って会話が生まれにくくなることも。フリーアドレスだからこそ、ネタづくり、きっかけづくりに工夫を凝らしたいですね。

ケース6

他の部署に行くとき、なるべく寄り道して孤立しがちな人（若手や中途入社）に声をかけていました。

食事やお茶、飲みを含めてナナメのつながりをつくっていました。遠方部署や小規模部署ほど、オンラインのツールでコメントをやりとりしたり。

ナナメのつながり。

なかなかよいキーワードが出てきました。

他部署の人だから、社外の人だから本音を言える。気軽に相談できる。私もコンサルタントとして日々実感しています。

それが、適度なガス抜きになったり、また気軽に情報交換したり相談し合えるようになったりと、仕事の生産性を高める後押しにもなります。


（コンサルティング会社　40代　男性）

ケース7

朝、昼、夕方くらいでふらっとプロジェクトルームや関係部署に行って話しかけたりしますね。話題は何でもよいと思います。お菓子もよく持ってます。いま一番やっているのは「ありがとう」から会話を始めることでしょうか。

（コンサルティング会社　30代　男性）

タイミングを決めて雑談をしかける。行動を習慣化するポイントでしょう。一日2～3度程度であれば、しつこくなりすぎないのもよいですね。また、感謝から始めるところも気が利いていますね。

偉い人であればあるほど、突然の訪問は相手を恐縮させてしまいがち。いきなり険しい顔で本題から切り出されたら、気持ちも強張ってしまいます。「ありがとう」からの会話は、相手の心を和ませます。

ケース8

育児時短勤務中はなかなか勤務時間に雑談をする余裕はなかったですが、トイレ（女性は化粧直しとかありますので）、駅までの行き帰り、ランチタイム、コーヒーをいれるシーンなどで話しかけて雑談狙っていました。ランチは他部署のママさんにも声かけてどうしてる～？　なんて。時間がない中でも意識することが大事です。

（元ＩＴ企業勤務　30代　女性）

ちょっとした時間を狙っての雑談。部署を超えた同じ境遇の人同士をつなげ、悩みを解決できるチャンスにもなります。

・女性同士
・中途入社の仲間同士
・新任管理職同士
・テレワークをしている人同士

自部署で少数派であればこそ、相談し合える仲間がいると心強い。あるいは会社が率先してこのようなコミュニティをつくってあげるのも一つです。せっかくの組織体、一人で悩んで（悩ませて）いてはもったいない。人のつながりを生かさないともったいない。

ケース9

皆がオフィスに出社するわけではない弊社は、Slackのチャンネルを細かく分けて、自転車なりポケモンなりAppleなり好きなことだけ語れる仮想空間をつくっています。

（IT企業　30代　女性）

リモートワークを基本とする会社。普段なかなか全員が顔を合わせることがないからこそ、雑談による一体感醸成は大事。そして、それをインターネット上のSlackで行っているのもその会社らしい取り組みと言えるでしょう。

コミュニケーションというと、Face to Faceのアナログ一辺倒になりがち。そして、非対面のほうが自分の時間軸で（相手の都合や時間を気にせず）自由にコミュニケーションできる場合もあります。これからの時代、ＩＴを活用した非対面の雑談も積極的に仕掛けていきたいものです。

ケース10

朝会では、たいていエラい人が来るのを待っている空き時間があります。その隙間時間に、時事ネタなどを全員に話しかけるようにしています。エラい人が来て、盛り上がりかけたタイミングで打ち切りになるのもグッド。

（IT企業　40代　男性）

職場の風物詩、朝会。ともすれば「何のために毎日」「堅苦しい」と、社員にとってはやらされ感たっぷりの不人気行事になりがち。

朝会の要否はひとまず置いておいて、どうせ毎日集まらなければならないなら、ついでに雑談を仕掛けてみる。これも、日常の動線を明るくする工夫です。

ケース11

いままで男社会だった工場の製造現場。女性社員が入ってから、雑談するようになった。ベテランの職人が、率先して技術を教えてくれるようになった。

（製造業　30代　男性〈工長〉）

「私が入社したての頃は、休憩時間でも年長の職人が険しい顔で腕組みしていて、とても雑談などできる雰囲気じゃなかった」

その工長は、苦笑いしながらこう語ります。いままでは「習うより慣れろ」「技は盗むものだ」の文化だったとか。

女性の新入社員が入ってから、工場の雰囲気が一転。雑談が生まれ、空気が和み、ベテランの職人が率先して若手を指導するようになったそうです。

若手も年長者に積極的に質問や提言をするようになり、業務上のコミュニケーションも活発になってきたとのこと。

いつもの空気を変えてみる→雑談が生まれる→仕事のコミュニケーションも活性化する
ダイバーシティ（多様性）がもたらす好循環です。

忙しければ忙しいほど、生産性を上げろと叫べば叫ぶほど、どんどん余裕が失われて会話や無駄話は自然発生しにくくなる。

だからこそ、リーダーのあなたが率先して時間やきっかけをつくってください。「ついで」の時間や日常の動線をとらえて、きっかけを仕込む。意外とチャンスは転がっているかもしれませんよ。

おわりに

日本で「働き方改革」「生産性向上」が叫ばれるようになっておよそ1年半。多くの企業や自治体で、残業削減、時短勤務、有給休暇取得促進など制度面の整備は進んできた印象があります。一方、新たな課題が浮き彫りになってきました。

「社員のモチベーションの向上」
「働き甲斐の創出」
「上司と部下の信頼関係の質の向上」

いわば、コミュニケーションの課題が次なるテーマとして議論されつつあります。職場のコミュニケーションをいかに活性化させるか？　ここに頭を悩ませる組織が増えています。

ところがその取り組みの方向性たるや……。

■経営者は「コミュニケーション活性は部課長の責任だ」と、管理職に丸投げする
■現場の社員は「コミュニケーションがよくならないのは上司のせいだ」と、管理職を責める

中間管理職への集中砲火の目立つこと……。確かに、管理職の価値観や振る舞いが組織のコミュニケーション風土に影響するのは否めません。部課長がカタい人であれば、職場の空気も重苦しくなる。気さくでカジュアルな管理職のいる職場は、ざっくばらんな会話も生まれやすい。部長や課長が変わっただけで、職場の空気がガラリと変わる。私も経験があります。職場の組織風土醸成における、管理職の責任は大きい。

さりとて管理職も一人の人間。コミュニケーションが得意な人もいれば、不得手な人もいます。労働時間削減も、生産性向上も、予算達成も、挙句の果てにコミュニケーションの課題までなんでもかんでも押し付けられ、暗い顔でため息をついている……あんまりです。そんな管理職の皆さんを少しでもラクにできないか？ 助けることはできないか？ そう思って本書を執筆しました。

世の中どんどん複雑化しています。世代による価値観も多様化すれば、リモートワークなど働き方も多様化している。業務のアウトソーシングなど、外部の人たちと協働する機会も増えつつある。そのような変化の時代において、求められるコミュニケーション方法もさまざま。同じチームでも、メンバーが変われば心地よいコミュニケーションのやり方は変わります。昨日の正解が、今日の正解とは限りません。また、昨日の不正解が今日の正解になることもあります。組織は生き物です。組織のメンバーも生き物です。未来永劫、必ず100点を取れる完璧な答えなどないのです。

だからこそ、管理職が自分ひとりのスキルやメンタリティでナントカしようとしない。一人で悩んで、一人で解決するのはあきらめたほうがいいのです。コミュニケーションが生まれやすい仕掛けを作る、コミュニケーションが得意な若手に権限委譲してコミュニケーションの活性を任せてみる。たまには、外の風を入れてみる。新たなツールを試してみる。そのようなコミュニケーションデザインこそが、今日本の現場に求められているのではないでしょうか。

職場コミュニケーションの活性のやり方に王道はありません。ただひとつ言えるならば、「手を変え」「品を変え」そして「景色を変え」が大事。本書でも大小さまざまな企業の取り組みや現役管理職の声をヒアリングし、さまざまな「景色の変え方」を提案したつもりです。どれか1つでも構いません。あなたの職場で実践してみてください。そして、メンバーを入れて「どんなやり方がしっくりいくか?」「どのようにアレンジすればよくなりそうか?」を議論してトライ&エラーしてみてください。それが、あなたの組織らしい、自然で心地よいコミュニケーションを生み出す第一歩です。

Be a good communication designer!

2018年春　うららかな太田川ダム(静岡県森町)を眺めながら　沢渡あまね

〈著者紹介〉

沢渡あまね　1975年生まれ。あまねキャリア工房 代表(フリーランス)。

業務プロセス／オフィスコミュニケーション改善士。日産自動車、NTTデータ、大手製薬会社などを経て2014年秋より現業。経験職種は、広報／情報システム／ネットワークソリューション事業部ほか。『人事経験ゼロの働き方改革パートナー』を謳い、企業／自治体／官公庁向けにコミュニケーションを軸にした働き方改革、組織活性、業務プロセス改善の講演・コンサル・執筆などを行っている。

＜著書＞『職場の問題かるた』『職場の問題地図』『働き方の問題地図』『仕事の問題地図』『システムの問題地図』(技術評論社)、『チームの生産性をあげる。』(ダイヤモンド社)、『働く人改革』(インプレス)他多数。

話し下手のための雑談力
2018年4月20日　第1刷発行

著　者　沢渡あまね
発行者　見城 徹

発行所　株式会社 幻冬舎
〒151-0051 東京都渋谷区千駄ヶ谷4-9-7

電話：03(5411)6211(編集)
03(5411)6222(営業)
振替：00120-8-767643
印刷・製本所：株式会社 光邦

検印廃止

ISBN978-4-344-03287-3 C0095
幻冬舎ホームページアドレス　http://www.gentosha.co.jp/

この本に関するご意見・ご感想をメールでお寄せいただく場合は、
comment@gentosha.co.jpまで。